挑戰人生
夢想不設限

由自己決定看世界的方式！

推薦序一

前些日子，本校二〇〇六年電機系畢業校友黃相勳同學，囑請我為他即將出版的新書《挑戰人生，夢想不設限》寫一篇序，忝為母校校長，又為了鼓勵青年寫作，當然義不容辭，馬上一口應允。

細讀其大作後頗有感觸，時下許多青年沈迷於玩電腦、打電動，在文風不受重視的時代，黃同學能洋洋灑灑寫出自己的成長歷程，非但時時語出新穎，且文筆可說是相當的明順，最重要的是，他想利用自己的經驗，給同時代的青年提供一些做人處事的參考，如他後記文中所言：「夢想之所以是夢想，就在於它絕對有一定程度的門檻與難度，你得從中得知如何有效安排與利用時間來完成它，因為人生永遠不存在所謂完美的時刻，只能利用瑣碎的時間來一步步接近夢想，就像存錢一樣其實是按部就班的。」這是多麼踏實而富有智慧的話，他本來在本校念電機系電能科技組，因為非所理想及興趣，乃至英國諾丁罕特倫特大學繼續進修，改念「服裝設計研究所」，終於完成他想從事的工作。其實「行行出狀元」，尤其現今的時代，發明設計更是熱門的行業。不過大學畢業，仍然勇於追求理想及興趣，不惜遠赴重洋，改學夢想的學科，這也是需要相當的勇氣。

從黃同學的著作中，我們不難窺出他是一個相當值得稱許的年輕人，有智慧、肯努力、尤其敢於嘗試，他絕對不是渾渾噩噩地度日子，只要假以時日，不斷的努力，無論在服裝設計甚而寫作方面，我深信他一定會有相當傑出的成就。

明新畢業的校友，至今已屆十萬人，中間不乏縣長、立委、大學校長、工商鉅子等，黃同學年紀輕輕，充滿理想，以一個學理工的人，居然下筆無礙，寫下了寫自己成長的歷程及心聲，盱於當代年輕人，能與之比肩者又有幾人？但願他《挑戰人生，夢想不設限》一書付梓出版後，能得到年輕人甚至廣大社會的認同及歡迎，對社會上許多迷惘的青年，能有振聾發聵之功，如此他在本校傑出校友金榜中，早晚必占一席之地，黃同學！祝福你！

袁保新

明新科技大學 校長

推薦序二

史丹利在二〇〇六年七月五日走進了我們新竹大英國協的辦公室，想詢問有關英國服裝設計的碩士課程，在兩個小時的諮詢中，雖然史丹利的本科是電機與服裝設計並無太大的相關性，但他的堅持與動機和他想轉換跑道的勇氣，讓我們印象深刻，在經過一年的準備和申請，史丹利成功申請到諾丁罕特倫特大學的時尚設計碩士課程。

上個月史丹利再度踏進我們的辦公室，提到他要出新書了，因為新書中提起了他如何準備申請英國研究所的過程及他在英國當留學生的經驗，希望我們可以幫他寫寫序言，對於史丹利勇敢闖出自己的一片天，我們當然義不容辭地答應他囉！

在我讀完史丹利的《挑戰人生，夢想不設限》後，有許多感觸，現在的年輕人都希望能夠一步登天，處處都要求快或者一味地追求屬於別人的夢想，但是許多事情是要日積月累才能達成的，就像語言，就無法在短時間修成，而夢想是需要勇氣和毅力才能去完成的，光有空想而不動，夢想永遠是夢想，遙不可及，史丹利也點出了不是從事當今社會尊崇的行業才是成功的人生，有夢想就要去追逐，即便遠渡重洋，一個人在陌生的國度也要讓自己的夢想成真，我佩服他的勇氣也佩服他的毅力，希望這本書可以激發更多年輕人去重新思考自己的價值觀、重新務實地定義自己的目標及夢想。

羅雅妮
UKEAS大英國協教育資訊中心
新竹辦公室經理

推薦序三

在我過去十年的寫作經驗裡，大部分時間當我受邀撰寫前言或推薦序時，都是來自出版社或編輯，鮮少有來自於作者自己。因此請想像一下我的驚喜，當我無預警收到來自作者自身的 Facebook 訊息時，一個我以前從未見過、交談過的人詢問我是否可以為他的新書寫序。

「為什麼？」我問這個陌生人。

幾年前他讀了一本我的書，是在我早期的寫作生涯中，當我正在寫自己的第一本書時，提及了許多對我而言是至關重要的人生課題，從時間管理、精心規劃的優先事項與執行，以及如何敦促自己在人生的不同階段中去達成我們的目標，這些很多都是我當時學到的初次課題。然而就在他讀完之後，史丹利自己也決定要去嘗試並且挑戰自我。

作為一個作家，將薪火從一個作家傳遞到另一個新作家，能為他的新書寫點什麼並恭賀他完成這個經歷是我的榮幸。

當我閱讀完這本書，我很高興能讀到許多他自己的軼事及短篇故事，史丹利想讓讀者用身歷其境般的方式，一起分享他的成長與冒險過程。而且他並不是以說教或過來人的方式來與讀者對話，反而就像是與一群朋友在某天午後，齊聚在咖啡廳裡互相敘說著彼此所經歷的每個小故事，然後一起學習成長並邁向成熟。

挑戰人生，夢想不設限

我由衷希望讀者們能和我一樣發現，這本書的閱讀經驗是值得、有趣且激勵人心的。同時再一次重申，不管那些人生目標有多麼困難或是無法想像，作為早先一步成為作家的我，都很榮幸能在他嘗試和挑戰自我的人生旅途中扮演一角，無論那是多麼微小的角色。

一切都有可能，人生不留遺憾。

祝福你！

鍾子偉
三麗鷗前中國區總經理

推薦序四

在耶誕節前夕，我們驚喜地收到一封來自台灣校友史丹利的新書推薦序邀請函。六年前他遠赴英國攻讀時尚設計碩士學位，在數年後建立了一個成功的職業生涯，並大膽以素人身分寫了一本關於自身經歷的勵志書籍，希望能啟發其他年輕朋友們勇於追求自己的夢想及興趣。

我們非常驕傲的是他在諾丁罕留學期間的經歷，對他日後的人生職涯能產生如此積極的影響，這些都是我們可以從史丹利書中學習到的，所以我們在此強烈地推薦這本書，並祝福他的未來一切順利。

馬諾琳・布魯薩德

英國諾丁罕特倫特大學
藝術與設計學院院長

推薦序五

時間是二〇一四年十月二十八日早晨八點多，人在美國費城的我正準備要上班，意外收到人在台灣新竹的史丹利從ＦＢ發訊息給我，簡短地說著他即將出版一本心理勵志的書籍，由於我們有著極為相似的學習歷程與背景，所以希望我能幫他寫篇推薦序，談談我們在大學時是如何從非設計本科的領域中，以近乎打掉重練的過程，為自己重新設定人生的新一頁，以及簡短分享這一路上我們曾面對的各種感受。

我和史丹利是從大二開始認識，在不知不覺中也有十年之久了，雖然我們一直都居住在不同的城市或國家，目標也不盡相同（他先去英國唸服裝設計，而我後來去美國唸服裝設計），但彼此始終維繫著一份相知相惜的情感，我們像戰友般前撲後繼地攻占各自心中的理想，在感到疲倦的時候也會互相聆聽對方的煩惱，雖然很多時候感情上的煩惱占據了我們絕大部分的對談（笑）。

二〇〇四年在台北的香港設計學院，我們為了尋找設計夢而在此相遇，還記得當時對他的第一印象是帥氣留著叛逆金髮，一臉不羈地坐在我左前方的位子上，也忘了我們是什麼時候開始說上話的，但想不到在酷酷的外表下卻是意外地親切友善，更沒想到在接下來的日子裡，我們會持續在人生路上為彼此不斷地加油打氣。

細讀了這本書後感觸頗深，我想關於人生這件事我們真的很像，都無法接受既定人生所安排的道路，也好像是不相信周遭任何人似的，非要開拓出屬於自己的道路，才算對得起自己，才像有活過了，才像是演了一場讓自己滿意的電影。

以我來說，父母對於我從國中以來就不斷訴求的人生理想一點也不滿意，他們怕我跌跤，怕我在他們認知以外的人生中失敗，於是要求我走上普世價值中相對安穩的道路，然而這一路上卻一點也不安穩。在我慘綠的求學過程中，好像除了唸書以外，自己認為重要的事情對父母來說一點都不重要，青春與少女夢想都埋葬在聯考和重考的教育制度上，我無法和朋友出門、畫畫、看卡通，無法做任何啟發我靈感的事。反觀史丹利好像永遠都是叛逆的，他大學時曾為了考驗自己是不是真的有心跨領域學設計，竟然花一週的時間拿自己房間天花板來塗鴉作畫，以宣示自己的決心。

史丹利在明新科大電機系畢業後因為氣胸開刀免兵役的關係，隔年就去英國唸服裝設計研究所了，而我則是在結束了和自己想要的美術設計人生一點關係也沒有的台北大學企管系畢業後，父母終於瞭解了我的堅持，即使他們仍不是很願意，但也還是讓我去美國舊金山就讀服裝設計。也許是累積了二十五年在身體裡的靈感都湧發了出來，我非常順利地完成了三年的學業，老師們非常喜愛我，以往跌跌撞撞的日子現在卻一帆風順，也被選中成為學校代表在二〇一二年的春夏紐約時裝週展出我的畢業作品。畢業後搬到紐約卻因為輕忽工作簽證的困難度而苦尋不到正式的工作，也幾度懷疑自己是否是在盲目的硬撐，於Kate Spade Saturday、Marchesa、Marc Jacobs、The Row實習了一年半之後卻因為簽證的關係，必須離開美國。

回台灣後，去了某知名服裝設計師的工作室工作，本以為會就從此安頓下來，但我漂亮的履歷，卻讓我被惡意地檢視著。對此我非常不服氣或應該說是很憤怒（但我必須在這停止我的抱怨，因為我不能讓讀者對台灣的服裝設計領域失望），於是我不放棄任何可以回到美國工作的機會，聯絡了好幾個美國的律師，諮詢是否有別的簽證適用，也保持和美國 Urban Outfitters 的 HR 部門聯繫，最終獲得在它們旗下的 Anthropologie 擔任毛衣的助理設計。

我和史丹利想說的都一樣，在追求理想的道路上我們是孤獨的，會有人阻礙你，會有人告訴你做不到或告訴你別傻了。我的親戚在六年前聽到我要去唸服裝設計的時候，不以為然地告訴我，我應該先餵飽自己再說，但卻在三個禮拜前笑著對我說，他的同事告訴他 Anthropologie 很有名，他很以我為榮。

是的，很遺憾。在你不如意的時候，父母會認為你只是沒考慮清楚而追求夢想，朋友會認為你只是在硬撐（當然真正瞭解你的好友和情人會無條件的支持你），親戚更會說一個女孩就嫁一嫁吧，談什麼理想？但說實話，倒底為什麼追求夢想一定需要別人的支持與瞭解？最終我們都花了太多時間在讓別人告訴自己不可能，是時候該勇敢一點了。

人生是自己的，沒有任何人比我們更瞭解自己在做什麼，即使歷經挫折與低潮，甚至以為自己的能耐就只能這樣了，不可能再前進了，然而呢？我們還是選擇了相信自己，因為自己的好強和傻勁得到了我們所想要的。在這裡我想邀請讀者們勇敢地做夢，在人生的畫框裡勾勒出你想要的未來，自己找出實現的方法，然後無條件地相信自己做得到並且永不妥協。十年後，結果你猜怎麼著？你會發現：「心真的想，事真的成。」

時至今日，我仍不斷在傾聽自己的內心，是這份飢渴與不服輸的意志，讓我們捨棄了多少事物與面對了多少不諒解，才讓自己走到今天這個位置。看完史丹利這本書，就好像讓我重新回顧了自己的過去，也激勵我產生更多信心來面對接下來的人生挑戰，而我和史丹利都曾經這樣努力走過來，所以我相信你們一定也可以。

Fight for your dream, good luck!

黃瀞瑩

Anthropologie
Sweater Design Coordinator

前言

其實在這本書還沒寫完時，我就已經把這篇前言寫完了，反正人生很多事情本來就沒有所謂的優先順序對吧！寫書這件事對我而言也是一樣，得跳來跳去的我才有辦法寫完，如果凡事一定要照所謂世俗的規則來走，那麼我想，我的人生應該會錯過很多事才對。

不過能寫完這本書對我而言真的很不容易，特別是要求自己必須在三十歲以前寫完這本書，對於學生時期只是個曾經作文寫得還不錯的我，也沒有過什麼參加比賽的經驗，卻有膽子要求自己花一年的時間來完成這本書，雖然後來還是延遲了半年多，但我還是慶幸自己當初有立下這個嚴苛的目標，如果不是這樣，我想我可能到四十歲時都還沒寫完它，或是最後荒廢了這件事。

當然這麼做並非只是為了證明別人可以，那我一定也行的賭氣心態才寫這本書的，而是由衷希望以自己做為範本，藉由我的學經歷，期待能給予許多在人生中與我有類似想法卻猶豫不決的朋友們一個實質的建議與鼓勵。

也許走在人生階段當下的你仍在徘徊彷徨，但請別放棄給自己一個機會去審視人生其實還有更多種可能性的存在，這其實只視乎你願不願給自己這樣的機會而已，剩下的問題真的沒有你想像中那麼困難，只要有開始，前方就不遠了。

而市面上從來不缺所謂成功人士所出的勵志書籍，而喜歡閱讀卻又懶得逛書店的我，也經常在半夜上博客來網路書店搜尋好書，在閱讀過後也著實感覺獲益良多，可是每當讀著這些擁有無敵履歷的作者們所寫的成功故事時，在激勵之餘我始終覺得缺少了點什麼。於是在邊寫這本書的同時，我才終於了解，或許就是因為這些作者的故事經歷多半都太完美（或是太誇張）了，以至於在閱讀時的那股妙不可言的激昂，總在闔上書的瞬間就逐漸變得那麼地遙不可及。

正因為我不是名人，所以不完美的經歷才能較為精準地投射在絕大多數不完美的人身上，有時感同身受或許比當頭棒喝更能貼近真實的需求，此刻的你可能正需要某個人來推你一把，而我或許就是茫茫人海中的那一個。

踏出社會後，緊接著就是一場你無法說停就停的成人賽局，在翻到這本書時，想想自己活著的目標是什麼，現在又為目標做了些什麼，你可能還是個國中生、高中生、大學生、研究生、博士班，或是剛出社會幾年，但這都不成問題，重點是此刻的你願意為自己的人生付出多少努力，好好想想每當你在下午茶、打電動、唱歌、逛街、追電視劇時，別人在做什麼，你跟別人的差距其實就是這一年三百六十五天裡微小的差異所產生的。

對於生活沒有目標的人來說，其實人生最不值得你去做的事就是永遠被動地等待，時時把「Something must be done for self」這句話在心中默念給自己聽，要記住只有你才能替自己的未來做準備，必須不厭其煩地傾聽內心真實的聲音直到自己聽懂為止，並在適當的時機盡最大的努力去實踐所有想法。

雖然這樣做起來有點痛苦，但相信我，在未來的某一天裡，當你回想起這段為自己打造的來時路，你真的會由衷地感謝自己曾經這麼有魄力，不惜奮力地為人生寫下精彩的一頁。

我的人生哲學是從不輕易許下承諾，一旦承諾了自己或是對方，在走完所有試煉以前，是不會停下腳步的，或許有人認為這樣太過嚴肅苛刻，甚至過於咄咄逼人，但在體認到人生其實很短暫的同時，我真的只想吸引一群認真、積極面對生活的益友，而不是與成天抱怨且不作為的人為伍。

在有限的人生中，千萬不要花時間在與別人比較，永遠有人比你做得更好更厲害，應該要檢視的是自己是否比昨天更好，即使無法完整順利地達成所望，這些過程也絕對都是值得的，必定可以使往後的人生更豐富充實也更加有意義，也能成為開拓日後人生的最佳養分，或許這些不起眼的微小經驗與過程，在短時間裡看不出成就了些什麼，可是累積在未來的某一天，將會是你值得驕傲的付出。

時至今日，我依然不敢保證自己永遠都能作出不後悔的決定，即使知道在往後的人生當中仍然必須面臨許多痛苦的抉擇，但我卻可以很誠實地面對自己，盡力把容易後悔的決定減到最低，並勇於承擔結果，當然瀟脫不代表就沒有煩惱，只是我有辦法讓它來得快去得也快而已，畢竟很多事情都是一時的，追求恆久的真實才是我所冀望。

希望以我自己三分之一世紀的人生旅途經驗，能帶給許多與我年紀相仿或是更年輕的朋友們作為人生的參考或是借鏡，我很慶幸自己算是很早就體悟到人生些許的價值與意義，才會在很早的時候就開始為自己的人生做打算，並實際去試著實踐自我。

如果藉由我的經歷能帶給你任何一絲的啟發，那我寫這本書就是值得了，當然也別忘了人生還是得要由你親自捲起袖子邁出步伐，一切才有登上成功殿堂的可能。

最後，我想告訴你的是，過去已經有很多人走過這根冒險的人生獨木橋了，所以別害怕，快跟上來吧！在獨木橋的另一邊等著你的是更為精彩的世界。

Let's go!

目錄

1 求學階段

目錄

2 工作經歷

3 時間管理

4 人生觀念

5 自我挑戰

目錄

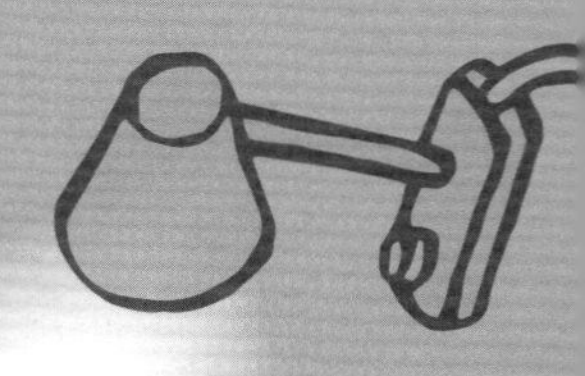

Chapter 1

Study Plan

求學階段

如果你問我什麼樣的設計最難，

我的答案會是「自己的人生」，

因為人生才是們設計的最終Project。

升學班吊車尾的人

炙熱的炎炎夏日，國二的暑假準備來臨了，但代表的卻不是盡情玩樂的開始，而是輔導班的地獄生活。國一、國二時，我的成績不算太差也喜歡體育和美術，但頂多是班上前十名，雖然偶爾可以擠進前五名，可是最多也就是個力求均衡發展的路人甲。

在國二的暑假結束後，一切開始有了巨大的變化，我被選進了當時所謂的升學班，可是以我的成績在升學班裡卻老是敬陪末座。處在精英團體中，那種指著分數當計分板看的班級，鮮明的差異讓我瞬間變得很渺小也很難適應，似乎不管怎麼努力都很難在這一年內扳回些什麼，上課愛睏時總發傻以為走錯教室，但被台上老師嚴厲叫住自己名字時，才又回神發現自己還是走不出這個精英戰場。

每日無止盡的輔導課與模擬考，沈重綿密的課業壓力總是壓得我喘不過氣來，感覺自己是隻不斷被強迫灌食的牲畜，被期許能快快長大然後兜售個好價錢。每天下課後的補習也是一場噩夢的過程，在學校疲憊學習了一整天，還沒消化完畢就得續攤補習班，只能說我不適應這樣子的學習速度吧！

我知道自己並不笨，只是學習步調比較慢一些，而在這個齊頭式的教育環境裡，是沒有煞車功能存在的，跟不上就只能永遠在後照鏡裡找自己，同情你的也只能像電視「星光大道」的評審小胖老師，對你說：「加油，好嗎？」於是在這種持續心力交瘁的情況下，我也漸漸開始半放棄了，因為發現自己現階段的極限就是如此，無力改變些什麼了，就像被上了萎靡的手銬般動彈不得。

那時國三班級的樓層廁所，味道就是比國一國二的還複雜，下課時間聚集許多抽菸的同學，所以發現雲霧繚繞的情況，就知道這間廁所是國三的，進出了幾回後我也認識了一些行為偏差的同學，開始學著抽菸、翹掉放學後的輔導課，甚至參與打架鬥毆，藉以短暫逃避及宣洩課業壓力。

漸漸地我也越來越大膽，輔導課不是睡覺就是翹掉，趁補習班專車來接之前，先到其他非升學班的同學家廝混打屁，然後再若無其事地去補習班繼續把時間耗掉。

有精神就在補習班聽一下課，疲倦時也免不了刻意選坐在教室後排偷偷補眠，但為了應付補習班的大小模擬考，也只得做作地乖乖臨時抱佛腳，不然就是作弊蒙混，因為補習班的成績單也會寄回家裡，雖然不是每次都能過關，但這就是那段時間的生存方式吧！雖然沒有即刻的性命安全問題，卻是種精神折磨的壓力深淵。

在這樣子的漫長煎熬下，終於還是撐到了聯考，考期那幾天，每間教室裡的考卷對我一點都不友善，只是冷眼躺在桌上跟我大眼瞪小眼，果不其然，高中聯考一放榜，我的成績慘不忍睹，無法擠上縣內任何公立高中，瞬間覺得自己是個Loser，對於這個赤裸裸的結果我無話可說，隱約卻又有著滿腹的心有不甘，看看其他班上同學幾乎都考上縣內公立高中，而我好像在這一刻才清醒。

其實從頭到尾我根本就不屬於這個班級，其他同學們能給我什麼安慰？試都考完了也要畢業進入人生下一個階段了，才沒空理會我呢！我這才明確發現自己好像無路可走，雖然私立學校只要報名就能進去，但真的很難拉下這份自尊，但現實與事實就是如此。

當同班同學們洋溢在一片熱絡祝賀的氛圍裡，談論著彼此對未來高中生活的期待，我一點也不知道該談些什麼，完全插不上話之餘，甚至有位女同學問我有沒有想過要重考，雖然這似乎不是個好的建議，但我還是心領了她的好意。

那時候我只想要自己一個人找個地方靜一靜，好好包紮這顆受傷的自尊心，再想想接下來的路該怎麼走。

重建自信與紀律之路

高中聯考失利後，我在沒有太多選擇的情況下，聽取了家人與親戚的建議，進入了某間私立工業高職電機科。

記得進入校門第一天的感覺，一股心酸感觸深深襲上來，我知道自己應該不止屬於這裡，特別是高一剛開始那段時間，很怕在等校車時看到以前國三的同班同學們，因為穿著的校服不一樣，跟他們比起來不免都有種矮人一截的失落感與自卑感，更不要說打招呼寒暄了，感覺對方就是不太想理會自己吧！

或許是我自己有所誤解，但真實情況是，他們不是邊等車邊背英文單字或背公式，不然就是昨晚看書累了，正在放空休息中，我很難找到什麼合情合宜的共通話題來攀談，感覺自己好像只是要去學校混時間，而公立學校的他們都各自要為自己的未來繼續奮鬥努力。

說也奇怪，當我拿起書來邊等邊看時，竟然不時有種讓人看輕自己的自卑感，很怕這些一起等校車的公立學校學生看在眼裡，會覺得我有需要看書嗎？私立學校這麼好混，隨便唸唸也可以，在裝什麼清高。

但不管以前國中同學對我有什麼想法，是看扁我也好，是希望我再多加油也好，我只告訴自己，如果在爛學校不能保持成績在前段甚至班上前三名，就表示我跟國三的自己沒有一點分別，因為競爭的同學們程度已經跟以前升學班時的同學明顯差了許多，如果在這樣競爭較低的環境裡我都還無法讓自己成為TOP，那我真的很難相信自己未來還能改變些什麼。

雖然以學業來衡量一個人的進步是有點偏頗，但在這高職三年內，我暫時沒有其它更偉大的想法來證明自己，於是只好以學業的方式來表現。唸電機科的我自知數理方面實在不拿手，好在私立高職的教學步調與內容比較輕鬆些，讓我唸起書來比較有成就感，於是我很嚴格要求自己要課前預習與課後複習，不懂的就多看幾次，不會算的就多算幾次，完全土法煉鋼的方式，雖然不是頂聰明的做法但成效還不錯，因此讓我始終維持在班上前三名，全年級前十名。

高一與高二這兩年間，我幾乎完全把心思放在課業上，極少與班上同學在校外有任何活動，就連校內社團也是參加最單純的路跑社，為什麼選這個冷門的社團呢？一方面跑步是我喜歡的運動之一，而更重要的是跑步社只要在週六全校統一的社團時間跑四公里就好，其它時間則沒有活動需要參加，這點是最吸引我的。

當然我並非刻意柿子挑軟的吃，就隨便找個輕鬆的社團來充數參加，只是當時的我認為校內社團多半真的很無趣，有些稍微有趣的社團則是需要頻繁地出席，感覺會壓縮到我唸書與休息的時間，因此我得在這中間做個取捨。

跑步社其實有另一個優點，就是可以讓我在跑步時沈澱自己，順便想想本週的課業與生活，常常有些煩惱與問題都在跑完後就有答案或解決方向了，可以算是非常適合我的一種自我沈澱時間吧。

在這個熱血的年紀其實又何嘗不會有想玩的心情，只是比起玩樂我更急於看到蛻變後的自己，所以不斷鞭策自己維持好的學業成績，也曾多次因為前晚看書看太晚，導致隔天早上朝會時因太陽大又站太久，而導致體力不濟暈眩提前回教室，有時甚至直接在朝會前就跟班導說人不舒服，留在教室趴著休息，一般來說班導是不會接受的，但因為我成績好，老師總是准許我這樣子，因為他認為我不是那種會藉空檔偷偷跑去抽菸的人。

這樣的日子轉眼間又到了高三，得準備四技二專聯考了，除了參與正式聯考之外，我也參加推甄入學。所謂的推甄入學，其實班上每個人都有推甄的資格，只是由於每間四技二專院校的各科系都有其名額限制，而學校方面也希望推選去參加推甄的同學們都能推甄成功，這樣一來校方的升學數字才能更亮眼，所以班導會依每個同學的在校成績來分配與建議最後選擇推甄哪所學校。

而我最後當然也順利如願推甄上某間還不錯的私立科大電機系，這個結果著實讓我鬆了一口氣，這口憋了三年的氣就好像抽菸時不把菸吐出來一樣難受，但終於解脫了。還記得高職畢業那天，我內心根本沒有什麼悸動的感覺，在畢業典禮結束後，我頭也不回地飛快回家去，雖說不是對高職母校沒有一絲情感存在，但在我心裡，高職三年在這所學校的回憶很少，少到日後幾乎不曾在與人的聊天過程中，特別提起當時的種種。

危機分

進入大學電機系後，微積分這玩意正式成為我這輩子最大的危機，其實我一點也不明白我到底為什麼要學微積分，這對我未來人生有什麼用嗎？當然，對走本科系或教職類型工作的人來說可能會有用，但對我來說卻真的一點用處也沒有，因為我其實一點也不想走電機領域的工作。

雖說這門學科也是一種數理邏輯的訓練，但現實生活中所需要用的數理運算其實很有限，而且有種東西叫「計算機」，多半的數據其實靠計算機或電腦就可以完成了。

電機系一年級的必修學科微積分，對我來說卻真的是個「危機」，共分上下學期，順利的話一般人都只修上下學期各一次就結束了，但我的狀況較為特殊，我是上下學期各修了三次（包含隨堂修各二次），意思就是上下學期都被當掉過兩回。

這倒也不是我非常不認真上課或翹課，只是發現自己數理邏輯真的不夠好，總是很快學了又忘記，無法組織成綿密牢固的思考邏輯，不過還好私立大學並沒有擋修的規定，不然我現在的人生劇本又要改寫了也說不一定（如果延畢的話）。因為有些公立大學的工學院必須修完微積分才能修之後的工程數學，而正是因為工程數學包含了所有微積分的概念，所以若是沒學好微積分，大概工程數學你也會聽不懂，因此有擋修的機制存在。

其實我很小的時候就對數學的東西相當不拿手，依稀記得我在幼稚園時，好像連算數都極少及格。在每個學習階段遇到障礙時，我總會問爸爸說這個東西學了以後有什麼用？爸爸總是告訴我說多少都會有用的。

然而就在我研究所畢業回台灣後，進入了社會，直接面臨二〇〇八年的金融海嘯以及後續歐債和美國次級房貸的衝擊，在全球籠罩於失業與企業人力縮編的狀況下，要找一份適合自己的好工作大不易的同時，我持續反思這個問題，就是在教育的重點上我們到底錯過了什麼最重要的東西？

當業界大嘆找不到優質人才的同時，我也很想知道學校教給學生的知識理論真的是現實社會所需要的嗎？我們學了一堆莫名奇妙的理論與知識，但實際能派上用場就真的只是那些基本，可是我們卻把寶貴的時間浪費在許多制式的課程上。

大學被當二次微積分，過完大三暑假也即將面臨大四畢業，我爸終於耐不住性子，為此開始質詢我的生活作息究竟出了什麼問題，這是一種標準的質疑，質疑我為什麼微積分又被當，是我太愛玩？還是偷偷翹課？又或者上課在睡覺？（我承認大學時自己該玩的一點都沒有少過。）此外我爸也認為作為學生，有課就一定得要去上，我常頂回去說我們付錢給學校，要不要去上課應該是我們的自由，況且教學機制與內容既然已經不能為我們量身訂作，我們又為什麼要給這扭曲的齊頭式教育給限制住？我跟我爸常常為了爭執彼此的觀念，兩人爭辯得不可開交，但最後我都是倖悻然地沈默離開。

但就因為這樣，更讓我明白了一件事情，反正我只要能順利畢業就好了，雖然我已經看透，這過程的確是浪費時間，但與其老是自怨自艾地對抗體制，說真的一點用也沒有，而且短期內我也無力做出更好的改變，還不如先盡力去遵守體制內的遊戲規則，再另外想法子。

除了順利拿到大學畢業證書，我也不想浪費這寶貴的青春，因此，在這有限的大學階段裡，我總不斷想為自己開闢另一種可能，雖然大一時我還不知道我要的是什麼？直到大二開始我才驚覺不能再迷糊下去了，因為大學就要過完一半了。所以我更加認真地開始思索著，既然這所大學裡沒有我想學的（連跨系都沒有），那我只好把方向放在學校以外的地方了，我必須走出去，否則繼續在校園裡耗著也不會有什麼令我興奮的東西在等著我，更沒有值得我想認真學習的事物會憑空出現，因此我要為自己創造專屬的學習條件，創造一個自己樂意忘我、沉浸其中的學習環境。

三分鐘只能拿來泡麵

依稀記得，在大二暑假期間，好幾個無聊的夜晚，常跑去好友那聊天小酌，聊著近期的電影、日劇、唱片以及新對象。有一回談笑間，我突然拋出了一個嚴肅的話題，我說：「ㄟ，我想休學去唸設計，你怎麼看？」好友倒是很平靜地把我這句話給聽進去了，他抽了口菸說：「OK啊！只要你確定不是三分鐘熱度就好。」接著他又抽了第二口菸。

我告訴他我真的覺得自己唸電機是件非常莫名其妙的事情，我想在大學期間做出一些改變，因為現在不去想，畢業後我勢必沒有像現在擁有這麼多時間與機會去追尋自己想要做的事。

他點點頭又抽了口菸，問我現在有任何執行方案嗎？我說目前可能要先要上網查些資料來了解。然後他大致提出三個重點給我，比如家人對此的想法，以及我的時間是否足夠來做這件事情，最後就是我的熱情是否足以熬過這個艱辛的過程。我跟他說這些應該都不是太大的問題，聽完後他嘴角上揚地對我笑了笑，最後我們互相碰了對方杯子一下，結束了當晚的愉快暢談。

於是自隔天起，我開始上網找資訊，也開始更頻繁地與好友碰面，每一次都帶著一些新的想法與資訊跟他討論。我清楚知道，如果我真的要澈底學習設計，最好的做法就是休學，重考輔大或實踐的設計學系，走完一個完整的正規學習流程，不然我就得去外頭坊間的設計補習班上課，但在新竹的設計類型補習班老實說真的少到不行，畢竟新竹是高科技業的重鎮，搜尋大半天，似乎在台北比較多扎實的選擇，於是我也多次花時間北上探尋。

我自小雖然認為自己的美術天分不算太差，但我仍舊是塊缺乏琢磨的樸玉，樣子稱不上好看，價錢也不太好，我明白自己的優勢相當渺小，而且渺小到不值得自負多久，在虛心看待完我的資質後，我突然找了另一個人來談這件事，那個人不是別人就是我爸。

於是我迫不及待地下樓去爸爸的房間，進門就徑自坐下跟爸爸說明這兩個方案，一是休學準備輔大或實踐大學設計學系的轉學考，二是利用假日時間去外面補習，同時也分析了兩者的利弊與風險，在細細聽完我的敘述後，爸爸的選擇是方案二。

老實說，我衷心期盼的是方案一，那個當下我心裡的確有許多的不諒解與失望，甚至不斷地提出更多解釋，但現在回想起來，卻不能以此定論，認為這次一向民主的爸爸背叛了我，因為爸爸也許跟好友一樣，只是很怕我三分鐘熱度而已，但他不願說破這個問題。

我想爸爸大概很清楚，在我這個年紀，有想 Try 很多事情的念頭是很正常的，但戰後嬰兒潮的父親畢竟不屬於我的世代，他的選擇或許是出於一種保護我的心態，因為他至今仍不知道他兒子承受失敗的底限到底在哪，他只能用這個進可攻、退可守的選擇來回應我的問題，因為他寧願保守一點，也不願看見自己兒子搞砸了人生。

這個短暫的結論，讓我陷入了非常多天的沈思，但並不是在為打退堂鼓做熱身，我再次與好友聊起跟父親溝通的結果，我知道自己還是想做這件事情，因為我真的沒有時間等電機系畢業後再來做這件事。五月天的歌詞：「有些事現在不做，以後就不會做了。」我想我當初就有很深刻的體認。

好友告訴我，如果真的想做，他也支持我放手去做，人生真的很奇怪，有時只要有一個人願意相信你、支持你，就可以讓你充滿力量繼續往下走，感謝我的好友。

最後我跟爸爸說，既然你不能接受我休學去考輔大或實踐的設計學系，那我希望你能支持我在學校課餘時間裡，自己去外面學設計，爸爸聽了覺得他兒子至少為了自己的理想還願意妥協一些現實的事情，於是也就沒有反對我的決定了，意思是他沒有反對但也不代表完全贊同，因為他並沒有很看好這件事的發展，他覺得我依然是玩票性質居多，所以就姑且讓我試試看吧。

為自己賭上另一個可能

尋尋覓覓之後，我在台北找到一家香港設計學院，選擇了服裝設計科就讀，那是有點類似補習班性質的設計課程中心，為期一年並分上下兩個學期的課程，上課時間都在週六與週日，所以意味著我要開始犧牲大三到大四之間的每個週末假日了，做決定的當下我並沒有感覺，只覺得很興奮也很期待，因為我終於可以上自己夢寐以求的服裝設計課程，一切總算都有個開始。

但真正的痛苦是在開始學習服裝設計後，大學電機系裡的大小考試對我來說都是種磨難，因為投入服裝設計的領域後，我總是有種感覺湧上心頭，就是我他媽的為什麼現在才發現我的興趣所在，有種恨自己跟慶幸的矛盾情緒。

越接觸服裝設計，我也就越沒興趣去了解電機的東西，雖然一開始非常辛苦，但我反而覺得這份辛苦怎麼不早一點到來，有種相見恨晚的無奈，但是日復一日的校園生活，仍然現實地要我屈服在每一次的小考和期中期末考。

不誇張的是，我常常在考完試後走出教室，就把剛才在試卷上寫得那些密密麻麻的數理公式忘得差不多了，當晚甚至連考過什麼都不記得了，某些公式或理論即便在下次的考試還是會用到，也照樣直接給它忘記，我稱這時期的自己是「記憶體不足」。

真正無奈的不是開始學習設計的路上有多困難，當然困難也是一定有的，但隨之而來的是一股深沈的孤獨感，因為我原本就讀的大學根本沒有任何設計學院，因此我在學校裡能得到的資源相當有限，更難在校園內找到志同道合的人，於是我開始覺得自己像條遊魂一樣，只因為註冊繳了學費、掛個電機系的學號，所以每天準時在上課時間裡跑教室，雖然大學免不了常翹課，但那又是一種捆綁著自己的無奈感。

學習服裝設計的期間，除了兼顧學校課業與畢業專題製作，當然也忙著談戀愛、打工和朋友圈社交，也參與畢委會班代，甚至主辦班級的海外畢業旅行去泰國，光是以上這些主要的事就足以讓我忙翻，更不要說常常會有些臨時的突發事件。

為此我每天不得不像個商務人士，將行事曆寫下來規劃自己每一天的行程，不然光用大腦根本記不住這麼多事情，也正因為如此忙碌，我逼自己練就了一身現場確認的能力，就是很多事情到現場或是短時間內在電話中就得做決定。

因為在可支配時間不多的情況下，每天面對這麼多繁瑣的事情要確認跟執行，實在沒有時間思考及猶豫太久，當然有時候我也會遲疑，這時我可能就會要求對方給我十分鐘或半小時思考一下再回覆，但基本上都是今日事今日畢，拖到明天我可能又有其它事情要處理，不可能每天拖過一天，這樣只會越累積越多而已。

我也沒有因為學習服裝設計，而選擇刻意忽略其它事情，在大學期間，只要我認為經手是有意義且能讓自己成長的事情，我都還是會盡量接下來，這可能是一種很想看見自己成長的想法吧！

因為很多時候機會是不會隨便來的，所以只要有機會且我的時間能力許可下，我都會樂意去接受這個挑戰，因為我也明白，未來畢業後的我，勢必得面對更多更複雜的情況，如果現在可以先讓自己習慣接受這些小小的挑戰，我想對未來是一個很好的暖身方式。

大一、大二時我完全沒有感覺自己是個大學生，可以說生活沒有目標，只是圍繞著上課、打工、考試、談戀愛而已，似乎總少了些什麼。直到大三、大四這兩年裡，才開始讓我著實地享受著大學生的精彩生活，而這也是我大學最充實也最辛苦的時期，但這才是我要的。

此時也是見證自己迅速成長的時刻，應該說這段時間的磨練與學習，其實都是為了鋪陳自己往後所要邁進的道路吧！儘管當時的我一點也沒有察覺到，只是盡力去揮灑自己，盡可能在這寶貴的學生時期努力抓住些重要且值得的事物。

大學畢業後的人生是什麼

很多時候自我設限的原因來自於我們身旁的人，以我自己來說，整個家族沒有跟我同輩的人有出國留學的經驗，縱然家族裡有位唸到國立大學計算機博士的堂哥，但這點真的幫不上我什麼，更別說要我去跟身邊的親友討論或解釋藝術相關領域的事物，所以能得到的資訊相當有限，因為都沒有人懂，所以我只能自己獨自去摸索。

但好在大學期間的我，擁有最多的就是時間與熱情，開始學設計以後，我的生活更忙碌了，即所謂蠟燭兩頭燒的感覺，在那段時間裡我真的有淋漓盡致的體會。如果只是單純出賣勞力的兩頭燒倒也容易，但周旋在理性（電機）與感性（服裝設計）的極致差別中，真的是件很痛苦的事情，而且不能偏袒任何一方。

或許在大學畢業前，七年都過著電機人生的我，真的很想轉換另一種人生的可能吧，我不想沒有做任何改變就這樣子過完我的大學生活，我也沒有特別幻想將來是否真能出國唸研究所，只是很老實地完成每個階段應該完成的學習與成長。

現在回頭想想，其實我也不明白當初的決定是否是個賭注，假如我在服裝設計這個領域上短期內沒有學習到一定程度的東西，而我在大學裡又因為對電機沒有興趣，有一搭沒一搭地瞎混每個專業科目，那畢業以後的我，可以拿出什麼在社會上去跟別人競爭呢？別說跟別人競爭了，甚至替自己找個安身立命的位置，或許都必須畫上一個很大的問號，這也是我多年後回想起來時，才深深覺得當初自己很有種，而這就是所謂青春的燃情歲月吧，好在那個時候火候很旺盛，支撐著我慢火燉煮地燒出一道屬於自己的拿手好菜。

好不容易披荊斬棘地走完這些過程，雖然沿途上充滿了無數次的自我質疑，慢慢地我發現這些過程沒有白費，只是來得很不容易，不容易到你可能還沒能看到下一個路口，你就會想原地折返了，因為沿路都在摸索。

就在大學畢業前夕，我也好不容易勉強完成了服裝設計的學習。此時，我有個明確的念頭，很想再往服裝設計的學程方面更上一層樓，但是卡在我不是本科系畢業，要考國內的服裝設計研究所也是非常地困難，於是我朝出國念研究所這條路來規劃，因為國外研究所多半沒有太多限制，只要你有類本科的學習與工作經驗都可以申請。

但這又是一個複雜難題的開始，我要考慮去哪個國家、申請哪些學校、該找誰幫我寫推薦信，又有什麼代辦機構可以給我更多直接的資訊，以及英檢ＩＥＬＴＳ的考試，最後當然少不了出國的所有細節準備。

我自己也明白這個想法其實相當不自量力，沒辦法，亞洲人多數的天性就是不太喜歡冒險，這可能跟我們從小的教育有關，不像歐美學生有所謂的壯遊（Grand Tour）精神與膽識，因為當我跟包括家人的所有人談起出國留學的事情時，多半得到的回應分為兩種，一種是驚喜地正面鼓勵你，但幫不上什麼忙；另一種則是訝異地負面質疑你，也還是幫不上什麼忙。

對此，我也歸納出一個結論，就是這種類似的回應，這一路上真的聽過太多次了，所以開始覺得自己真是愚蠢的可以，為什麼老是要刻意去徵詢周遭的意見，他們從來沒有想做這件事，問了也是白問，不如照自己所想的一步步去進行就好，只需要適時告訴他們自己在做什麼，進度到哪就好，基本上不需要去得到任何認同或是關愛，因為這個作法在某種程度上只是浪費時間而已，他們多半只會給些老舊的經驗談以及永遠無法為你作主的回應，所以還是朝自己的想法前進就好，前方正在等著我呢！

上帝給的一張鬼牌

大學畢業後，馬上有兵役的問題要面對，因為我實在不想被動地等待國家安排，所以就去所在地的兵役課詢問是否可以提早徵招入伍，但就在問完之後沒幾天，我卻突然因為氣胸發作而需要住院開刀。

自發性氣胸的輕微狀況其實在高職就曾發生，但當時的我並不以為意，主因是抽菸所造成的，但想不到在大學畢業後竟然再次復發。就在週五確診當天，醫生告訴我，最好馬上讓家人簽下手術同意書，並盡快安排手術，因為如果不馬上開刀，後面情況會更糟，甚至有可能危及生命，聽到這整個人都愣住了，但我回家後異常冷靜地告知父母這件事，並請他們簽下手術同意書。

雖然讓父母擔心了，但可能大學時忙碌的我已經習慣接受很多突發事件的發生，所以此刻的我面對得十分坦然，當然我會如此毫無疑惑的面對是因為我清楚知道這是自己長期抽菸造成的問題，因此沒有太多震驚，除非醫生告訴我是肺癌，那我大概會當場瘋掉吧，所幸情況不是這麼嚴重。

隔天週六我就倉促地被安排住進醫院，等待下週一早上十點多的手術。我還記得病房是四人房，但從我住進去到出院，始終沒有其他人住進來，這點倒是很有意思，因為我大概住了快一個月的時間，也因為這樣照顧我住院的家人也有床可以補眠。

週一早晨，護士讓我換上手術服躺在移動擔架上，在那一刻我已經是個準備開刀的人，第一次開刀的我，想說人都好好的應該是自己走去手術室報到，結果是躺著被推進手術室，而且由於手術服內什麼都沒穿，直接接觸移動擔架的這一刻，才開始感覺到那種弔詭的冰冷，就像手術刀準備要劃在你身上一樣。

我記得爸一路陪我到推進手術室，在關上手術門的瞬間，我從病床上回頭跟爸揮了揮手，這一幕倒是讓我想起日劇《夢想飛行》（GOOD LUCK!!）裡，木村拓哉因安全演習而導致嚴重腳傷，傷癒後的健康標準無法再當機師，不過他沒有放棄自己，在醫生及親人的鼓勵下，充滿勇氣地接受成功率不到百分之十的神經手術，只為了重返天際當機師。

雖然我的手術不算很大的手術，成功率也很高，但有一種感覺卻從我心底莫明地油然而生，就是當自己再次醒來的同時，我的世界就會不一樣，至於會是怎樣的不同，那時的我其實一點也不清楚，就只是一種感覺。

終於在五個多小時後，我從一片吵雜聲中清醒過來，視線模糊地一一辨認所有在場的人，是家人與親戚，他們正在聊天，媽媽發現我醒來後，問起我感覺如何？我很想試著回應些什麼，但高燒未退的我，胸腔內有著像是被一把火燒似的灼熱感，以及左側腋下開放傷口裡連結著一條直徑二公分的半透明引流管，讓我瞬間覺得自己像是隻猴子，原來有尾巴的感覺是這樣。

由於吸取惡血的引流管插在胸腔內，所以只要上半身稍微有彎曲移動，就會感覺到有異物刺著胸腔內某處，跟放一把水果刀在胸腔內沒什麼兩樣，即使自己的狀況再虛弱想休息，只要一頂到都會劇痛到睡不著，因此開完刀有好幾天都無法好好睡覺。左側胸的引流管除了導致不能翻身外，即使睡著了也常常因為不小心翻動身體而引發劇痛醒來。

一週後，好不容易習慣了與這根引流管共存的生活，它也漸漸不再讓我感覺疼痛，但這才是復健之路的開始，由於左肺的肺泡組織有部分被切除，同時在七處肺泡破洞處也釘上了鈦金屬夾，從胸腔 X 光片看起來，就像左肺上釘著七個釘書針。

也因為左肺開刀切除部分組織的關係，理論上面積已經比右肺還少，但仍需要再次達到與右肺一樣的擴張功能，撐大舒張至貼合胸腔壁才行，所以得辛苦地透過吹吐氣來練習最大攝氧量，醫生說如果沒有完成最大攝氧量訓練就無法出院，可是這很辛苦，因為會很不舒服，胸腔內有引流管，你卻需要不斷深呼吸與吹氣，來觀測自己的攝氧量數值是否有提升。

其實這是非常無聊的復健，一開始數值都沒有什麼增長，看著心裡也不免對術後的自己感到一絲愧疚跟不甘心，因為自己以前的體力與健康一直都很好，但術後身體卻感覺好像變成另一個人似的，不再是以前所熟悉支配的身體，這點真的讓我一時很難接受。

但為了能盡快出院，儘管無奈還是不能停止復健，好在過幾天後終於開始有了顯著的進步。關於復健只要有任何一點進展都會覺得很高興，這比你學會什麼或得到什麼更有成就感，此時最大的課題就是養好身體，因為我知道出院後有件重要的事在等著我。

沒錯，在住院期間我也悄悄地規劃了接下來的路，就是去唸英國的服裝研究所。在醫院的每個晚上我都不斷在思考，出院後需要進行的準備工作有哪些，主要有四大重點：首先是否因為氣胸開刀的關係可以不用當兵？其次我能在短時間內完成英國研究所的申請事宜嗎？其三是否能在最短時間內通過入學的ＩＥＬＴＳ（雅思）英檢資格？最後就是我出院後的身體可以撐得住嗎？上述這四點看似輕巧明確，但若以樹狀的排列延伸，就會知道這是多麼繁瑣複雜的一件事，如果沒有堅定的意志，或只要我嫌麻煩的話，隨時都可能會有放棄的念頭產生。

資格賽才開始呢

出院的第一天便是考驗的開始，回到家後我驚覺自己連走樓梯上三樓房間都喘不過氣，跟電影裡「班傑明」年輕時的老態沒有兩樣，這點著實讓我覺得非常害怕。

我當然明白體能還是可以再鍛鍊，但也知道絕對不可能再像開刀前那樣擁有豐沛的體能境界，因為主治醫生特別囑咐，出院後要靜養一到二年，而且要完全避免從事劇烈運動及熬夜，以免有氣胸復發的可能。

醫生這席話聽起來像是咒語般，讓我感覺雙腳瞬間被銬上了腳鐐，意思就是我心態上是的普通人，但我的生活卻跟養老沒什麼分別，才二十三歲的我接下來要做的事可多著，所以醫生這番話在我聽來格外不是滋味卻也只能默默接受，因為身體是最老實的，即便心裡有千百個的不願意，也只能在心裡小聲說句「Yes sir, thank you sir.」，這可能是我有生以來最無聲的回應。

回首大學畢業典禮其實也才過了兩個多月，而我卻是拿到畢業證書後不到一個月就住院開刀，望著房間裡的擺設與書桌上的畢業合照以及畢業紀念冊，大學生活的一切好像都還歷歷在目，可是卻彷彿已經過了很久似的。

花了一個星期的時間收拾打包這些回憶後，開始詳細列出我英國留學的準備步驟，我明白自己得跟這副需要靜養的身體合作無間才能逐一完成我的出國準備工作，這的確是很複雜的準備清單，而且沒有一樣是我能完全掌握的，意思就是我即使做完前段所述的這些準備事項，也不見得真能如願去英國留學，可是我沒有太多心思猶豫不決，而是完全Focus在每一個準備事項上，因為我知道猶豫不決的話，可能垮掉的會是我自己，即使最後沒能如願出國唸研究所，這一切的準備與努力也是讓我邁向重生的過程。

雖然父母很尊重我的決定，卻也不免擔心我以虛弱的身體來籌備這些事情會太過勞累，只能默默支持著我，其實他們幫不上我太多的忙，因為家族裡根本沒有人走藝術設計的路，他們身旁友人的孩子們也沒有類似的經驗，與我同輩的親戚更是沒有人出國唸研究所，甚至連出國遊學的經驗都沒有，因此我只好自己去摸索，這段時間也讓我培養了更多耐心，不然以前的我可是個急性子，雖然現在也常如此，但相對比較懂得去做調整，因為有些事急也是沒有用的。

在一陣短暫的瞎子摸巷過程後，幸好找到了UKEAS大英國協教育資訊中心洽談留學申請時程與資料準備細節，也幸運地邀請到以前學服裝設計的兩位老師們幫我修改推薦信與讀書計畫，他們都是畢業於倫敦藝術大學（University of the Arts London，簡稱

UAL），一位畢業於中央聖馬丁藝術與設計學院（Central Saint Martins College of Art and Design），另一位則是畢業於倫敦時尚學院（London College of Fashion），由於他們是英國名校畢業生，所以他們的推薦信對我在申請英國服裝研究所上有很大的加分作用。

我一共申請了七所英國研究所，但直接避開了倫敦的大學，這其中包含了我以前服裝設計老師所唸的倫敦藝術大學，理由是因為以我的身體狀態如果能申請到一所還可以的英國服裝設計研究所然後順利畢業，那可能已經是我此生最大的驕傲之一了

即使明白英國時尚的最高殿堂就在倫敦，甚至是世界四大時尚中心之一，但在綜合評估之下，我預作了退而求其次的理性放棄，雖然這樣想或許有些不夠積極進取，但我想留一些餘地，好讓自己有些喘息的機會，因為此番決定能全身而退是最終的目的，意思就是好好Enjoy這趟學習旅程並能順利畢業回國，當然最後的結果證明我的想法是對的。

同時我也隨即申請免兵役的事情，由於兵役科嚴謹的審查要求，得依規定再去指定醫院做繁瑣的檢查，少不了像是X光與全身斷層掃瞄，接著就是沒有期限的等待審查結果通知。

其實如果沒有因為氣胸而開刀的話，我本來一點也不害怕當兵這件事，只覺得這是男人必經的過程，快點讓我當完就好，不要妨礙我的目標理想太久。但該說是運氣好還是運氣不好呢？也正因為氣胸開刀的關係，讓我有機會提早準備英國留學的啟程之路。

就在研究所申請文件寄出，而兵役檢查也在等待審查的期間，我還有個非拿到不可以

爭取與退路的權衡

關於準備IELTS（雅思），我原本打算找間英檢補習班去上課就好了，但去試聽了幾堂課後，我發現台灣老師教的東西一點邏輯也沒有，而且進步的速度非常緩慢，雖然上課老師會要求用英文對話，但下課後自己就沒有機會再用英文了，當然回家也可以聽ICRT或是看CNN或HBO作練習，但我直覺認為這不是最好的辦法。

於是我立馬決定不在台灣準備英檢，而是先去英國唸語言學校與考IELTS，這回我再度找上UKEAS大英國協教育資訊中心協助我安排語言學校就讀，基於考量氣候與英國語言學校的教學時程關係，我計劃利用隔年的二月到六月，在這四個月期間唸語言學校，目標是四個月之內要考二次IELTS，並拿到最低入學資格的英文總平均5.5。

在UKEAS的建議下，最後我選擇去英格蘭古城巴斯（Bath），因為那裡華人少，我想在這樣的學習環境裡可以有效地幫我快速提升英語能力。當然此行最壞的打算就是，如果我無法在四個月內拿到5.5，那即便我拿到研究所入學許可，我也會毅然放棄留學的事。

雖然我也不知道此行會是怎麼樣的四個月，但我必須在出發前用這種心態來斷了自己的後路，因為如果不這樣警惕自己，到了英國可能就會因為惰性或是挫折而輕易放棄，另一方面，都已經運用家裡這麼多的金錢，我也真心希望自己能拼出點什麼。

不過這才是冒險的前哨戰而已，轉眼就到了出發的日子，十五小時的飛行後，在剛溶雪沒多久的二月初，人生地不熟的我來到了英國巴斯，當抵達寄宿家庭後我有個很深的感觸，發現一切真的不如我想得那麼容易，我一直以為只要降落在希斯洛機場，出關後我的英文就會變好，就像有人以為想打好籃球就去美國，以為呼吸到美國的空氣就會跑得比較快、跳得比較高、投籃也比較準，其實一點也不然。

又因為英檢考試的時程安排緣故，我在月底就馬上面對生平第一次的ＩＥＬＴＳ英檢，連在台灣都沒考過，完全不知道這會是怎樣的一個過程，更別說什麼考前猜題之類的，只能硬著頭皮告訴自己，就當第一次英檢是去買經驗的，但即使是如此，我也沒有打算混過這第一個月，因為接下來每天的密集課程就已經血淋淋地叫我不敢太放肆。

週一到週五的課程分為上午、下午，早上是一般英語課程，下午則是ＩＥＬＴＳ的準備課程，坦白說早上的課程比較容易，因為教學範圍比較生活化，而班上同學的程度也相對較低，許多同學都是來上短期課程，所以每週都有人離開這間教室，上課輕鬆之餘，老師也會視同學的程度來調整教學內容。

可是下午的ＩＥＬＴＳ準備課程就不是如此了，如果你跟不上進度，固定制的班導馬汀（Martin）是不會因為你程度差而停頓太久，畢竟他得要顧慮到其他同學們的受教權。在這個ＩＥＬＴＳ班級的同學們個性都比較獨立與刻薄，他們多半都已經來英國半年或是一年以上，有各自的生活圈與獨有的一套英文學習方式。

對我這個初到貴寶地的二愣子，他們其實都不太想理會我，看到他們上課時能流暢回答馬汀老師所問的問題時，就會覺得他們基本上就是英國人了。相較之下，我常常處於老師講到哪一章節都還傻傻分不清楚，更別說老師問我問題時，我搞不清楚也答不出來的窘境是多麼的情何以堪，因為授課內容都是相當艱澀的時事問題探討，舉凡核能安全、全球暖化、商業行為、國際要事及風俗民情，全都包括在內。

由此可知這對一開始的我來說真的相當吃力，因為自己懂的字彙相當有限，加上馬汀老師的口音咬字很在地，常常會省略很多音節的發音，這導致我原本該聽得懂的部分卻變成聽不懂，如果對這個字不熟悉，甚至連猜都猜不出老師到底在講什麼。

為了能盡快跟上進度，我每天晚上都要求自己背一百個單字，原則上就是背完當天上課所接觸到的單字，如果隔天忘記就再背一次，也利用晚餐時間跟Home Mom及室友一起聊天、訓練對話，睡前聽英國廣播練聽力。

馬汀老師偶爾也會要求寫申論文章當課後作業，想當然爾，這份作業我常是寫得毫無章法，每次拿回批改的作業都是滿江紅，那陣子馬汀老師的紅筆墨水應該消耗得很快才

Come on 硬著頭皮上的 ROUND 1

在鴨子聽雷般的無助下，時間飛快地帶我渡過了充滿沮喪的第一個月，馬汀老師總是在課後拍拍我的肩膀，告訴我「You will be fine」，雖然我覺得他這句話聽起來太過輕巧，但也只能當作是種安慰的說法，於是就在這樣準備不足的情況下，前往位在巴斯大學（Bath University）裡的 IELTS 英檢考場。

這一次 IELTS 英檢對我來說沒有成功只有成仁，就像帶把制式手槍與刺刀就準備登陸諾曼第一樣，心中只有一個念頭就是死得漂亮點，得好好記下考試流程與出題方向及答題時間掌握，因為我還有一次絕地大反攻的機會，也藉由此次考試來稍微了解一下自己目前的英文實力到底是如何。

在多次電子鐘響的此起彼落間，我匆匆結束了這寶貴的第一次 IELTS 英檢，考完試的我腦袋一片空白，如果用腦過度的程度也可以排名，那今天一定可以排上此生前三名，此刻我只想趕快點回到溫暖的寄宿家庭吃個晚餐好好睡一覺，搭上巴士離開巴斯大學後，我便在車上昏昏地睡去。

二週後，令人沮喪到谷底的訊息終於寄到了語言學校（International House），下午課程的班導馬汀似乎刻意很用力地打開教室的木門，夾帶著奸巧的表情（又是英式幽默？），喜孜孜地跟大家宣布前些日子的 I E L T S 考試成績單寄來了，而且他也都看過了，等會要一一唱名並把成績單交到大家手上。

馬汀他並沒有如我想像的在課堂上，照大家的成績好壞唱名，但偏偏我就是最後一個被叫到，他看著我露出一種調皮又沮喪的表情，反正你看了就會覺得很假的感覺，當他唸出我的成績時，課堂上呈現的氣氛就是一種很可惡的死寂，故作鎮定的我還是穩穩地從馬汀那邊接過我的成績單，這張讓我整個下午陷入放空的總平均3.5的悲慘成績。

因為跟其他同學們比起來，我的成績整個就是來亂的啊！幾乎差將近一半的分數，跟我同班且一起考試的同學們，他們的分數平均都在5.0到6.5之間，而我竟然只是該死的3.0字頭。當天下午的課程我一個字也沒辦法聽進去，而馬汀大概也看出我深受大擊，因為他知道我準備 I E L T S 的目的是為了唸英國研究所，但在這個節骨眼的表現上，的確是個凶多吉少的利空消息，所以他今天也特別善待我，不像以往那樣在課堂上找機會點我回答一些問題，選擇讓我獨自沈默地渡過這個憂鬱的英式午後。

那天下課走回寄宿家庭的路上，我幾乎失神到不知如何是好，春天午後的英國帶點些許涼意，但我卻心寒地像是走在瑞士冰河上，平時下課還會有心情在市區閒晃一下，但今天只想早點回家好暫時逃避一下這個時不與我的世界。

在吃過 Home Mom 準備的晚餐後，我不像以往會坐在樓下客廳看個電視陪她聊聊天，反而選擇回房間倒杯威士忌開著音樂躺著，是休息也好是沈思也好，我此刻沒有心情思考任何事情，只希望這個低潮的情緒可以盡快離開我。

隔天我一如往常準時出門去學校，跟我同行的韓國人室友約翰（John）也拍拍我的肩膀要我別想太多，前一晚他原本想來找我聊聊天安慰我的，但看我吃完晚飯就回房睡覺，他怕打擾我休息就打消念頭了。

在語言學校裡我們不同班，而他也沒有上 IELTS 課程，但他預計是要在英國停留二年，所以有大把時間慢慢進步，不像我只有四個月的時間可以籌謀。我一時真的很難忘記這個難堪的成績，好在這次的成績沒有影響我繼續努力的決心，雖然短暫地失落了幾天，但緊湊的課程也沒有因為同情我的遭遇而放緩下來。

All in 賭上一切的ROUND 2

自從第一次IELTS英檢結束之後，接下來真的就是背水一戰了，而下一次的IELTS英檢就在兩個多月之後，馬汀老師也狠心告訴我一個他歷年來帶過這麼多學生的經驗，普遍來說，總均分要進步1分，得需要兩個月的時間，但是別開玩笑了！我只剩下兩個月的時間，而且我得一次把總分進步到2分才行，也就是總均分得從3.5提升到5.5分我才能拿到研究所的入學資格，一般人聽到這大概都會萌生放棄的念頭吧！

雖然我明白馬汀這席話並非危言聳聽，可是內心也清楚感受到這個任務有多麼難達成，馬汀看我盲然地聽著，接著就說這其中也有例外，他曾教過的學生中也有幾位是第一次考很爛，結果第二次直接進步兩倍以上的總分，而且是在短時間內。他這話倒真的說到我心坎裡去了，並讓我重新燃起了些許自信，表示這一切並非不可能，只是端看我能否成為他再次締造奇蹟的學生而已。

於是在接下來的日子裡，我非常嚴格地要求自己投入更多時間學習，連週六日都盡量待在家裡自修，不過還是少不了會跟同學們去社交放鬆一下或是去趟小旅行，並竟都飛來英國了，假如為了準備考試，老是宅在家唸英文好像也說不過去，但我都會非常斟酌就是了，如果是不太熟的朋友要約我就會委婉拒絕對方，寧可留在家裡休息或是自修，因為此刻對我來說真的是分秒必爭。

我的第一次ＩＥＬＴＳ英檢成績是：聽力3.5、閱讀3.0、寫作3.0、口語5.0，總均分3.5。雖然總平均很難看，不過這個成績卻讓我看到一個機會，怎麼說呢？因為口語的部分已經算很不錯了，不需要再刻意準備，這對我來說等於是多賺了四分之一的時間去準備其他三個項目。

我積極到連在上午的課程中，就連下課休息的十分鐘也在自修，只有午餐時會好好讓自己放鬆一下，除此之外完全不跟其他人嘻嘻哈哈太多。下午的ＩＥＬＴＳ準備課程，我比以往更積極發問不懂的地方，即使是簡單到不行的問題，只要不懂我就舉手發問，也不怕其他同學會不會笑我，或許也正因為這樣積極的態度，讓原本覺得我的發問老是會打斷上課節奏的馬汀老師，也開始主動協助我許多不足的地方，到後來反倒是讓我掌握了上課的節奏。

而越是進步就越有自信，即使在回答申論問題時，雖然不是每次都講的全然正確，卻開始建立了自己的思考風格，這也讓我之前不擔心的口說能力有著比以往更為顯著的進步。

在寫作方面，我把馬汀為我批改的文章，反覆拿出來仔細研究並做交叉比對，瞭解為什麼某些段落沒交代清楚，或是文法時態的應用修正，由於英文寫作的邏輯跟中文寫作非常不一樣，只要想像中文跟英文在口說上的差異，就會明白寫作也是一樣的。

如果是寫中文我敢說我一點都不覺得困難，因為我從小就對寫作拿手，可是英文寫作就不是如此簡單了，同時也考驗你懂得運用的字彙有多少，如果你知道的單字太少，就算腦海中知道要寫什麼，也會讓你咬牙切齒到想把筆給折斷。

而我更是大量閱讀報紙，每天都要做的事情就是看報紙，除了可以了解文法編排的方式好運用在寫作上，另一方面也可以學習到更多新的詞彙，也要求自己練習速讀抓出文章重點在講什麼。

很快地兩個月過去，第二次的 IELTS 英檢也來臨了，這次不同以往的緊張與不安，我只帶著沈穩與淡定的心情再次搭上巴士前往 IELTS 英檢考場，巴斯大學校園內其實很美，這次我也多了些心情跟一起考試的韓國同學在考試空檔逛逛校園，記得第一次考試時我還帶書去看，但這次我卻只帶了簡便的文具，其他東西一概不帶，不知道為什麼那時候的心情就是相信自己已經做好準備了，所以一點也不擔心。

在比對完考生資料後，我踏著堅定的腳步走進考場，用一種放鬆的心情面對每道關卡，而印象超深刻的是，在考寫作時，我竟然寫好、檢查完了還剩半個小時，可能這就是進步的一種證明吧！也因為這樣讓我在其它項目的考試都充滿了自信。此外，這次考試不再讓我覺得漫長煎熬，反而像是理直氣壯地要重新證明些什麼似的。

考完後的兩個禮拜我就要回台灣了，考試結果將在回台灣以後才能收到，所以剩下的日子裡，我每天都盡情地跟同學們逛街吃飯或是來趟小旅行，每晚其實都可以party，但我還是選擇讓自己稍稍休息一下，畢竟這兩個多月的準備真的讓我的精神繃到最緊也累壞了，雖然每天還是得準時去學校，可是心情上就是輕鬆了許多。

通往世界的門票

結束近四個月的語言學校，我先行返回台灣，回到家中看到房間桌上放了好多封海外信件，每拆一封都是一個驚喜，我發現這全是之前申請英國研究所的來信，而上頭的內容都是看過我的資料後，十分歡迎我前去就他們學校就讀，唯一的問題就是希望我盡快提供語言成績給他們，或是語言準備上有任何問題，可以主動與他們聯絡，他們會盡力來協助我。

本應是全數看完後值得高興的事，可是我卻擠不出完美弧度的笑容，因為我還在煎熬地等待ＩＥＬＴＳ的成績寄到，期間我也多次寫電子郵件問語言學校是否已經收到成績單，我想語言學校的行政人員應該覺得我很煩吧。

除此之外，每天都像是得了焦慮症似的，有事沒事打開電子信箱查看是否有任何來自英國的消息。某天晚上，正當我要準備下樓吃飯時，想說再檢查看看好了，按下了收取信件的按鈕後，我從 Hotmail 的新來信中，看到了熟悉的來信名稱，沒錯！正是ＩＥＬＴＳ班導馬汀的來信並夾帶附件，於是我心情開始躁動了起來，因為我直覺知道這是封通知我今年是否拿到足夠英文成績上英國研究所的生死狀。

開頭的Congratulations（恭禧）字樣已經讓我的腎上腺速飆升不少，細細讀完以下的幾句話，我知道我這次的IELTS成績已經符合研究所最低入學要求了，打開附件的資料是IELTS成績單的掃瞄檔，第二次英檢的成績是：聽力4.5、閱讀4.5、寫作7.0、口語6.0，總均分5.5。

我想我大概會愛5.5這個數字一輩子吧！霎時間我高興到從電腦椅上跳了起來，低頭握拳顫抖地肯定自己一番，隨即撥家裡分機電話給一樓的爸爸，請他上來看，隨著他的腳步聲走到我房門口，正要踏入房間時，我緩緩轉動電腦椅來面對房門，感動地告訴爸爸：「我拿到通往世界的門票了！」他隨即湊到我身邊看了看信後，淺淺地笑著恭喜我一切努力沒有白費，此時此刻我真的也不知道該用哪種方式來表達自己的喜悅之情，畢竟這四個月的辛苦與折磨是一個人孤獨在外努力的成果。

兩父子在房間裡短暫地開心了好一會後，就踏著輕快的腳步下樓，愉快地吃著晚餐並與媽媽和弟弟分享這個消息，他們也為我感到開心不已，全家人邊吃飯邊聊著之後我去念研究所時得籌備的大小事情，雖然的確是有很多行前準備要處理，但此刻的我聽來卻一點也不覺得麻煩，因為比起為了拿到研究所資格所付出的所有心力，這些對我來說都已經不算什麼了。

晚餐後，我馬上打電話給好友告訴他這件事，並告訴他晚點去他家找他小酌慶祝一下，真的是太開心了，畢竟一路上走來，就屬他最瞭解我的所有過程，現在終於要邁入下一個階段，理當然要跟他好好分享一下才行。

他家離我家很近，騎車十鐘就到了，去到他家在客廳跟他爸媽寒暄打個招呼後，我就徑自上樓去他房間，進門看到他就先給了他一個大大的擁抱，告訴他：「我做到了……真的做到了！」兩個人高興得不得了，我們邊喝啤酒邊聊著，他聽我訴說了這四個月所發生的種種事情，很多無法在 Skype 講清楚的過程，也都在今晚一次說個清楚。他聽得津津有味像是自己的事情般雀躍，也給我許多接下來唸研究所的建議，回想當初他鼓勵我學設計，到現在真的準備要去唸英國服裝設計研究所，這所有的一切真的很不容易。

接下來我又得再次起飛了，這次離開的時間會更長也會是更正式的挑戰，不知道未來會遇到什麼樣的困難，但我們都明白，這一路走來沒有一天不是抱著挑戰與冒險的心情，一步一步踏實地走了過來，說到這我們舉杯敬了對方，就這樣聊到凌晨才的結束。

凌晨的回家路上，我仔細地看著沿街熟悉的道路，也只不過離開台灣四個月，對住家的周遭環境卻好像多了份陌生感，馬路的左邊要蓋大樓了，右邊多了間餐廳，前面有新辦公室進駐，看著交通號誌的我，若有所思地發現，這個世界一直在改變，而我也不能停下腳步，因為接下來我的人生也要進階了。

設計研究所教我的事情

痛苦地準備完 IELTS 英檢後，在眾多英國研究所的錄取通知中，我選擇進入英國諾丁罕特倫特大學（Nottingham Trent University）的時尚設計碩士課程（MA Fashion Design）。自從進了藝術學院後，就不斷有系主任與指導老師來關心大家一件事情，就是「你這一年裡的時間規畫表究竟完成了嗎？」一起先我覺得這根本是多餘的，因為我心裡總有個念頭認為，今天能申請到歐美研究所的人應該多少都有兩把刷子，不管是各自領域的專長或是時間安排的 sense，那時我並不明白為什麼校方會這麼在意這個問題，甚至為此還舉辦許多講述時間規劃的演講，請校友回來現身說法等等。

但開學後沒多久我才發現，原來在緊湊的一年制研究所裡，大家除了各自忙碌自己的畢業專題制作之外，藝術學院仍會安排許多 Team Project 跟其他相關活動，而這些 Team Project 就往往會擠壓到你原有的時間安排。英國研究所多半都是一年制，但不代表課程比較少，而是把原本兩年的課程緊湊地壓縮成一年，此外假期也比較少，所以時間真的是一眨眼就過去了，只是剛開學的我，當下還沒有這麼深刻的體會。

所謂的 Team Project 是指組員由校方安排，你的組員一定都是其它藝術領域的同學，頂多只有一個人跟你是同系，其他人全部都不是。大家在短時間內一起完成藝術學院訂出的一些專案設計，可能是城市推廣計畫或是藝術哲學的表現，都是些方向很寬廣的內容，不太容易跟你的科系領域完全重疊。

這些 Project 的完成時間可能是三天或一週，即便原則上方法不拘，但在這段時間裡，你需要用最快的速度與團員開會討論製作方向，擬定共識後便分工去做自己在這個 Project 裡最擅長的部分，最後統合大家的成果來做專案報告。其實開會達成共識是最簡單的，而製作才是最花時間的部分，如果能在不出錯的情況下，越早達成共識與方向，就能爭取更多製作的時間，這樣專案的品質內容也會提升。

這有點類似設計比賽的競圖或是工作上的企畫提案，由於這個 Project 最後是要在台上對全藝術學院的師生發表，甚至會請校外專業人士來評比，即便這跟畢業論文沒有實質關係，在不想丟臉的前提下，大家都不想表現得太差，因為表現好，整個藝術學院都會認識你，表現不好，整個藝術學院一樣會認識你，所以彼此都會盡力為這個專案做好分內的努力。

Team Project 會逼著你訓練自己如何在短時間內擁有解決問題的能力，雖然總是把大家搞得人仰馬翻，但這其實有很大的意義，藉由 Team Project 除了讓你有機會主動認識其他科系的學生，也有助於你之後製作自己的畢業論文，因為你永遠無法想像究竟會需要多少資源來完成你的畢業論文，如果你的論文有需要借用到其他藝術學系的資源，這時你就可以去請教做過的組員，所以即使Team Project很辛苦，卻也隱含著一舉數得的意涵在裡頭。

而在校期間，藝術學院也安排活動去紐約ＦＩＴ流行設計學院（Fashion Institute of Technology）見習與觀摩巴黎布料展，從中安排業界專業人士講解一些產業發展沿革。在這一年裡，我心裡不斷浮現的一句話，就是「自己能接受這個流行衝擊的程度有多少？」因為視野不斷被打開，打開到覺得自己的渺小原來是種無知。設計這個領域雖然很自由但也很現實，你必須不斷強迫自己接受新的事物，直到變成反射動作般自然。

在各種不同設計領域裡，服裝設計這個產業應該是最善變的其中一種，因為它結合了美學、設計、人文、歷史、基本需求、攝影、廣告、工業……層面相當廣泛。在這個領域裡人們樂於改變自己、改變產業、改變世界、進而樂在其中，對一切的改變都視為常理，因為這就是一個「變」的產業。

其實每個人都是自己的設計師，因為設計本來就深植在日常生活中的每個環節，就連安排時間、規劃行程、制定方針這些都可以算是一種設計，只是在現代廣告媒體的推波之下，業者把設計塑造成遙遠的浮誇，讓人們誤以為設計是種難以親近的領域，但其實設計一直都與我們的生活習習相關，我們的生活從來沒有離開過設計。

出國後的差別

所謂的差別，只是累積的東西不一樣罷了，在每個當下做出的選擇都決定了你日後會累積的是什麼，而這些累積也影響了數年後的你將會是誰，又在哪個位置上。

拿棒球做例子，變化球也是由直球所衍生出來的，如果你一輩子永遠只用直球決勝負，那這套路數很快就會被別人摸透，最後別人所投出的變化球，自然可以取代你一成不變的直球，除非你的直球速度快到變成消失魔球，但練成變化球的機率在短時間內，遠比魔球要容易得多，當然魔球是一種未來的期許目標，但絕對不是現在，因此你必須為自己的夢想，更有耐心地從基礎一點一滴打底累積起來。

在求學路上，大人們只希望我們魚貫平穩地走完這條制式的教育生產線，到達封裝的彼端準備出貨後，卻不告訴我們核心客戶在哪，以至於在出社會前這二十幾年，我們像抽獎摸福袋一樣，完全無法得知會摸到的究竟是大獎還是安慰獎，就算考好成績進到名校，在意義上也只是拿了張獎金額度比較高的彩券而已，最後還是不知道會獎落誰家。

我自己從高職到大學總共七年都是電機人，曾笑稱自己當過七年和尚，因為在電機科系班上有百分之九十九點五都是男生，在大二以前我從來也沒想過我會轉換跑到去學服裝設計，甚至最後還有機會可以去英國念服裝設計研究所。

在這樣一段瞎子摸巷的過程裡，我得到一個結論，就是很多事情真的要自己去主動爭取，特別是「人生」這檔事。如果你沒有堅定的決心去做一些對你而言是重要的事，那你注定會是隨波逐流的其中一根漂流木，只能不斷地載浮載沈，在可有可無的人生中飄渺，然後你開始習慣對旁人說，這就叫做「平凡的幸福」。

去英國唸服裝設計研究所後，我認為學到最多的不是設計能力與流行趨勢，而是了解東西方社會在接受生涯規畫上有著相當大的差異，這讓我對台灣教育與人生定義都起了很大的轉變，以前不曾有過如此深刻的感覺，但現在真的覺得世界很大，懂得以更寬廣的心去面對這個世界，正因為世界是寬廣的，所以我更沒有理由以狹窄的心胸去面對。

這不是因為「國外的月亮比較圓」的迷思才有這種感受，而是藉由出國留學，真實感受這個世界後，發現人生其實可以有更多可能的存在，這點也促使我在日後更願意主動去接受更多新的事物與機會，進而接受更多挑戰。

普遍來說，我們亞洲人對人生規畫的思維相對比較侷限與保守，又或者比較不敢積極爭取或是再冒險一點。我形容自己半路學設計的行為就像是走路肩，順利的話可以在短時間內抵達目的地，但運氣不好的話就非常危險，身旁的人看了只會對你按喇叭閃警示燈，示意你盡快導回安全的車道上，因為沒有人希望你受傷，但更多時候是沒有人希望你成為負擔，或甚至是不希望你最後自己無法承擔。

左手接受現實，右手擁抱夢想，其實你我都扛得起這個重量，在適應這個社會的遊戲規則之餘，我們還是可以繼續追求自己的夢想，只是要記得一件事，這個世界真的沒有人有義務要支持你的夢想，即使父母有時也是如此。

除了自覺的努力與運氣之外，你也得試著學習去說服別人來接受你的想法，如果你真的有什麼好的 idea，也要懂得為自己找到合適的舞台才有實際發揮的可能，因為許多人努力了老半天，最後卻忘記其實找到適合的舞台也是件很重要的課題。

而心態也往往比能力或機會更為重要，因為心態主宰著能力與機會這兩項武器，要隨時保持樂觀開放的心態。否則當機會來臨時，你怎麼知道要如何去接受；如果有更好的能力提升方式時，你怎麼知道要馬上去學習。

有時候我們太過於杞人憂天，以至於對自己沒有信心，但我們能做到的其實遠遠超過自己的想像，需要的只是給自己 Try 的機會，不在設限的既有資源限制下裹足不前，如果沒有現成的資源就自己去找，就好比電影《侏羅紀公園》（Jurassic Park）裡的一句經典台詞：「生命會找到出路」，同理可證，你的夢想也會指引你通往一個到達的方向，但這需要你親自跨出第一步才行。

多元化學習

因為大三開始涉獵、學習服裝設計的緣故，算是為自己開啟了一扇自我學習之門，我開始懂得學著去實踐與執行，也開始懂得帶領自己主動去摸索自己所想要的事物。其實在這之前，我也和絕大部分的人沒什麼分別，茫茫然地在父母、師長，甚至是聯考分數的規定下，盲從地學著許多自己也不懂為什麼要學習的事物。

有鑒於跨領域的學習讓我得以接觸時尚產業，特別是服裝產業的部分，舉出兩位享譽國際、我個人最喜歡的時裝設計師，香奈兒設計總監卡爾．拉格斐（Karl Lagerfeld），與前任迪奧男裝設計師荷迪．斯利曼（Hedi Slimane），現在執掌更名後的聖羅蘭 Yves Saint Laurent，為 Yves Saint Paris 設計總監。

我不是要推崇他們的服裝設計有多美多時尚，而是佩服他們高調的跨領域學習精神，不滿足於本業的服裝設計，更跨足音樂、攝影、廣告、旅館設計等，並且深深樂在其中，而這些跨界過程也讓他們的設計領域越來越多元。

雖然每個人的經濟狀況難免有所不同，能夠真正達到自由學習的機會也不見得一致公平，可是如果你希望將來當個服裝設計師，你卻連《Vogue》、《GQ》這兩本基本的國際時尚雜誌都沒看過，甚至根本不知道這兩本雜誌，那我只能說你真的連基本的功夫都沒有做到，買雜誌很花錢但也可以去租書店看過期的，百貨公司精品專櫃服飾很貴但沒有人說去逛街看設計是犯法的，假如這件事物是你真心重視在乎的，你一定會不惜代價找出任何方法去接觸它，只看你可以投入到什麼程度而已。

努力就一定有收獲，但努力不見的會成功，雖然我無法斷定在努力過後，你的未來是否因此就會功成名就，但更重要的關鍵是在這個尋夢的過程裡，你究竟做了多少分努力？努力的方向又是否正確？80分……60分……40分？全都不是，你一開始需要做的只是10分與20分的部分而已。這不像學校考試，要你在一堂課的時間內就把桌上那張試卷的問題作出完美解答，你只需要慢慢累積分數即可，因為可以評分的人只有你自己。

離開校園後再也沒有考試逼我們讀書了，進入社會後我們卻靠閱讀來提醒自己必須再多讀點書，而閱讀也只是眾多學習方式的一環，每個人有其適合的學習方式，不像在學校時總是硬性規定你要用怎樣的方式學習，再用特定的方式為你評分。

曾有朋友問我看這麼多書有什麼意義，能吸收一本的知識並實踐不就很好了嗎？但我的想法跟他不同，一本書我只期望自己能吸收百分之一的精華，而看一百本好書，不就等於吸收百分之百的精華嗎？而且一百本書就是一百個作者的人生視野，我沒有這麼貪心，以為看一本書就可以天下無敵，相較之下他的想法不就顯得膚淺許多了嗎？此外，在他眼裡認為百分之百就是極限，可是對我來說百分之百卻只是數字而已，我們的差別就在這裡。

我們都希望用一雙眼看世界，但學習的過程中若太過於侷限，就好像你舉起手遮住一隻眼一樣，看出去的視野範圍立即縮小，要用一雙眼或是一隻眼看世界，一直都是你的選擇，虎克船長獨眼的苦衷都不曾難倒過他，所以我們更該用寬廣的心去接受學習周遭的事物，否則最後只好看著別人日益進步，自己卻只能心生羨慕。

跨界學習是現代人極需正視的一塊，因為網際技術的普及讓資訊傳遞的速度越來越快，不像中古世紀，只有仕紳官爵才有受教育的機會，現在學習機會也是垂手可得，且不侷限身分與環境，況且今日的顯學可能明天在維基百科上就被改寫了，在面對這變化速度極快的時代，今天的知識可能不再是明天的優勢，唯有持續多元化學習才能時時保有高度的競爭力。

人類進化論是由猿猴轉變成人類，理論上外型是從蹲著演變成站著，心態由獸性轉變為人性，思想由野蠻進步為文明。如果當初猿猴沒有跨界思考過進化的可能，那或許現在的地球就沒有人類這個物種了，所以今日的多元化學習也是未來進化的泉源。

Chapter 2

Work Experience

工作經歷

人真的不要太鐵齒
去做自己其實沒興趣的工作，
除非你相信自己有辦法從中
找到工作的樂趣，
特別是在你的好奇心與熱情
被消耗殆盡以前找到。

攝影的細膩

從英國研究所的服裝設計系畢業後，原以為會很快地順利找到適合自己的工作，但尷尬的是當時正逢二〇〇八年金融海嘯時期，許多公司、企業都縮編人事，即使有職缺也多傾向找有相關資深工作經驗的人，在這點上我就相當的吃虧，雖然頂著很棒的海歸派光環，但卻是到處面試碰壁，毫無用武之地。

在幾番北上面試後，發現此時的我無法立刻擁有適合自己的設計工作，而且自己也傾向先留在新竹發展，這或許是一種鄉愁吧！畢竟從小就在新竹成長，總是有熟悉的感覺。但困擾的是新竹沒有比較完整且正式的服裝產業工作可以找，這點著實讓我傷透了腦筋，於是開始連一些類服裝領域的工作也投履歷，像是婚紗攝影、櫥窗設計、會場布置、團體服設計等等。

後來我決定先去婚紗攝影公司當攝影助理，理由是我從大學畢業後就開始獨自摸索單眼攝影，因為身邊也沒什麼懂單眼攝影的親友，就算有接觸也只能算是業餘中的業餘，所以我希望藉由專業的婚紗攝影工作環境來了解單眼攝影的知識與技術。

在起薪不高的情況下，一頭栽進婚紗業，相信做過或聽過婚紗攝影助理這份職銜的人，都會了解這是相當辛苦的工作，而所謂攝影助理的工作就是協助攝影師進行拍攝工作的所有大小事務，雖然辛苦卻讓我從中學到了很多。

每天早上進公司後，都要先確認今天配合的造型師及新人（來拍婚紗的未婚夫妻），簡單寒暄並介紹整天拍攝流程後，確認新娘的禮服有哪幾套是棚拍與外拍，再依據婚紗的類型色系搭配出男方的服裝穿搭，接著就是決定布景與燈光的類型並把攝影的前置作業完成。

以上這些作業流程實際上都無法在前一晚就事先準備，因為直到拍攝的前一刻，所有原先的設定與選擇都有可能被要求更改，此外當天同一時間裡也有別組的攝影師可能會與你撞棚，或是重疊使用到某些道具或服裝，因此只能依現場狀況互相協調來完成每日的工作。

一般來說每位攝影師都有自己制式的拍攝流程，身為助理要花點時間摸索攝影師的拍攝習慣，才好讓自己進入狀況並縮短前置準備時間，因為拍攝的過程中其實有很多不確定的因素，並非只是新人穿上婚紗西裝、站好位置、擺出pose、按下快門就結束收工這麼簡單。

有時也會因為外拍比例占比較大，攝影師會基於天氣可能多變的關係，而優先選擇外拍攝影，以避免棚拍之後才出門，屆時因天候改變而讓外拍流程被迫中止。

而外拍的服裝、道具，配飾、攝影器材，樣樣都要備妥，比如有時新人雙方身高差距太多，就需要帶張蹬子給較矮的一方在攝影時做適時的高度補償，如果少了這件道具就會讓攝影過程產生比較不順暢的感覺，當然現場還是可以想其他借位的方式來克服拍攝問題，只是必須盡量減少這種增添麻煩的問題產生，畢竟有些好的場景或是角度，如果因為少了某些道具而必須放棄拍攝會是很可惜的事情。

攝影是門很深的學問，所謂師傅領進門修行在個人，雖然每個攝影師都具有相當程度的攝影水準與美感，但完美照片是沒有極限的，在後製修圖上還是會花很多時間去處理，這都是為了讓新人留下美好回憶而作的努力，雖然有時會讓人感覺有點過度完美，但這也是因為人們總是不想從美好的回憶裡找出任何一丁點瑕疵。

攝影這份工作之所以有趣，是因為每當透過觀景窗發現新的構圖方式或比例，這一瞬間往往比按下快門更令自己感動，攝影跟作畫沒什麼兩樣，都在構圖、配色、掌握輪廓，筆觸與手法，如何留住最美的一刻，就是這份工作的最高指導原則。

下回如果有機會在路上看到婚紗攝影師在那頤指氣使攝影助理調整燈光、反光板角度、指導新人的姿勢眼神或是調整服裝，別在心裡責怪攝影師脾氣不好，那是因為他正在為新人記錄美好時刻而有所堅持。

從無到有的統籌

結束不到半年的婚紗攝影助理工作後，我終於轉換到與所學相關的工作，在某個本土自創品牌擔任設計師，不過由於這個品牌隸屬於母公司底下，而母公司的本業是製鞋代工廠，長年專門代工國外知名休閒運動鞋品牌，希望能利用多年且深厚的製鞋技術，創立屬於自己的MIT（Made in Taiwan）品牌來增加競爭力。

這麼做也是為了避免在未來的某天裡，萬一客戶臨時轉（抽）訂單，就會發生像之前彰化員林的製襪業「黑狗兄」一樣，在訂單陸續被韓國搶走後，才體認到當初賺錢時就應該要有自創品牌的想法來因應未來有可能的低價競爭，不能以賺錢夠用就好的心態來面對產業變化，因為沒有哪個產業可以永遠興盛不衰及一支獨秀，但很不幸的「黑狗兄」發現這個問題時已經為時已晚，所以他成為了一個淹沒在全球競爭裡的血淋淋案例。

有鑒於此母公司才會另外增設一個子公司去運作這個自創品牌，而我在這個自創品牌的職銜終於是個比較稱頭些的服裝設計專案負責人，名稱乍聽之下好像很威風，但其實這份工作真的是從零開始，一切所需的資源都需要重新找尋與整合。

我隸屬於品牌的服裝設計部門，雖然說是部門但其實就只有我一個人，另外還有三個部門分別是鞋類、包款、工業設計，設計師們也都是一人部門，大家在各自的設計工作上互相支援整合也給彼此意見，當然也可以借用母公司既有的業務與採購資源去完成工作。

其中鞋類設計師相對輕鬆一點的，因為所有製鞋相關的人力及資源母公司基本上都有，但他也必須負責品牌網站管理與平面設計的工作，所以設計師們其實各自都身兼數職，像我自己除了服裝設計的工作之外，也兼產品攝影與社群網路管理。

所謂的ＭＩＴ產品就是從原料採購到代工製造與管銷都是在地生產化，在還沒有真正接觸過自創品牌以前，總覺得媒體雜誌上所提倡的ＭＩＴ是個無限美好的理想，但親自去接觸執行時，才發現這一切真的沒有想像中的容易，不僅困難重重，同時更是件無止盡燒錢的事。

其中最困難的莫過於找尋願意長期配合的台灣代工業者，與廠商們討論是否能針對初期的小量需求來做生產，多快可以看到打樣成品又是否需要額外計價，最後量產的品質、退貨機制、出貨包裝細節等等，這些都是每件產品在上架前要走完的繁瑣流程。

在每週的設計會議上，設計師們彼此總有討論不完的打樣進度與設計檢討，以及一堆有待老闆簽核的重要決策，在每個系列的產品完成後，利用簡單的棚拍來拍產品照片之餘，也找素人模特兒來面試拍攝產品形象照，設計師們也一起發想文案再排版編修照片上傳到品牌網站，隨後再建立起庫存與銷售資料庫。

公司雖然有計劃將來要開設實體店面，但礙於產品線尚未完整以前，想先以網站電子商務行銷模式來與消費者做連結，這雖然是比較合乎成本的做法，但多數消費者卻因為無法親自到店面感受產品所訴求的ＭＩＴ品質究竟與其它品牌有什麼實質的區別，因此銷售成績始終不盡理想。

品牌上下對於銷售數字始終低迷這件事不是沒有感覺，也多多少少打壓到設計師們的士氣，但也只能咬著牙繼續讓產品線更加壯大，好讓開店這件事早日成真，把產品真正放在實體店面中與消費者見面。

當然公司也有留意到這個問題，於是中間也曾辦過網路與戶外的品牌宣傳活動，只是效果依然有限，在人力編制少的情況下，很多工作時程都會被迫延遲，導致產品推出時程也跟著往後推延。

而透過網路行銷來維繫消費者對品牌的關注度，最重要的就是不斷給予消費者新的產品資訊與品牌訊息，甚至是透過跨界合作的方式來吸引消費者的注目，才能持續留住客戶對品牌的好奇心，倘若產品銜接不上推出的時程，除了會錯過當下的流行趨勢也會逐漸流失既有客群的忠誠度。

MIT精品交易會

隔年公司為了擴大推廣自有品牌，參加了大陸當時二〇〇九年「南京——台灣精品交易會」，在為期一週的展期裡，與來自台灣各地的MIT品牌齊聚一堂，展現出台灣在地品牌的活力自信並驚豔整個會場。

本次參展目的除了希望能藉此拓展品牌西進大陸的可能及拓展海外知名度，也期望透過與消費者及海外專業採購者的互動過程，做為日後產品開發的改善建議與方向，這將有助於調整品牌在未來的經營路線與品質管理，當然更期待能在這次展出中獲得海外代理商的青睞與詢問。

由於會場在南京市郊的關係，參展期間每天都必須馬不停蹄地早出晚歸，與成千上萬的參展廠商及觀展人潮魚貫而行地往返會場。在這場交易會上我見識到大陸驚人的商機與消費需求，透過實際與對岸的消費者交流，發現他們對新品牌的認知與接受度較低，會先取決於這個品牌是否有明星或藝人代言，這樣他們才比較容易馬上認同你的產品，否則東西做得再好他們都會抱持著高度懷疑的態度，如果商品價碼又偏高就更需要有名人代言，不然他們無法立刻接受，只會覺得這是昂貴的商品看看就好。

參展期間也有接獲蠻多採購人士詢問，只是不巧沒有遇到適合的合作夥伴，不然就有機會把品牌放在大陸市場去販售，也有遇到很有趣的散貨批發客，直接來詢問有沒有庫存貨可以便宜購入，結果當然是不可能，因為我們是做品牌不接受批發的。

很快的就在倉促中結束了一週的展覽，回國後大家都為此次參展提出了許多心得與建議，而我的看法就比較直接一點，希望品牌今後運作方式可以將資源全力集中在鞋類這條產品線上，先專注於結合母公司的鞋類製造本業，把所有資源都投注於打造出一個時尚鞋款的品牌，當鞋類產品順利打入市場後，以鞋類這個產品線作為主軸，接著再開發其它周邊產品類別，這樣一來消費者的認同感與接受度就會相對較為提高。

參展期間所展出的產品中，我發現鞋類就占百分之七十以上，而與會參展者多數也都對品牌鞋類最感興趣，反而對包包、衣服、飾品這類商品沒有太大的興趣，所以才會建議品牌應該先主打擅長開發的商品，而不是所有類別的產品都要同步進行開發。

但很無奈的是，我的聲音屬於少數的那一方，所以這個意見最後沒能被採納，而品牌仍是希望以多角化產品的發展方式來經營，後來基於品牌的發展方針跟速度與我的想法漸漸有些明顯的出入，在幾經多次考慮後，我選擇離開這個MIT自創品牌去另謀發展，希望未來的新工作在理念上可以與自己更為接近。

機械牢籠

離開品牌服裝設計後回到新竹，短時間內沒有找到我想做的設計工作，於是我又起心動念去應徵電機相關的半導體工作，想說大學好歹也是念電機系的，雖然後來興趣轉換成了服裝設計，但似乎不該用以偏概全的想法來完全排斥這個產業才對，或許我骨子裡其實是有適合高科技工作的能力才對。

於是我所應徵上的這份工作，職銜是半導體服務工程師，主要工作內容是負責定期到有簽合約的竹科大廠裡做半導體檢測機台的例行性保養與維修，就是所謂的 PM or Troubleshooting，而次要工作就是修改或尋找一些二手或是副廠的零件（Second source or Parts）。

由於原廠半導體晶圓檢測機台都很貴，想當然其零組件與耗材也不便宜，因此才需要一些中下游協力廠商提供維修保養服務，概念有點類似買賓士或 BMW，但覺得原廠維修保養很貴，於是轉而去找民間私人開設的保養廠。

不過有些零組件原廠也會有停產的可能，或因為訂購數量太少而導致價值不符合維修預算，這時就需要去市面上的材料行找找看，是否有規格剛好一致或略作修改就可以使用的零組件，若店家說這不容易在市面上找到時，這時就必須上網去找找看有哪些公司有在製作這類特殊規格的零組件，或是打電話去某個中小企業製造商詢問是否有零售特殊規格材料或是能幫忙做小額量產的服務，當然碰釘子或是被拒絕也是常有的事，畢竟量產才有利潤並符合生產效能。

然而就在這份工作快要上手之際，我才開始明白高科技產業真的不適合我，因為半導體是目前為止做過最嚴謹且乏味的產業，每次躺在機台底下或是站在狹窄的機台間，全身穿著無塵衣只露出雙眼，面對著密密麻麻的排線與電子零件，都不禁捫心自問這真的是自己未來數年裡要做的工作內容嗎？我完全感受不到任何一絲雀躍與興奮的感覺。

一成不變的工作內容會開始冷卻你的熱血、澆熄你的鬥志、冰凍你的獨立思考能力，最後讓你對任何新事物不再特別感興趣，產生逃避與自我限縮的感覺，這可能就是為什麼會有所謂科技宅男的原因吧。

漸漸地，只要想到今天得去某家客戶那裡 PM 就開始頭疼了，修機台時常很難拿捏時間，有時問題很嚴重但很快就順利解決了，可是偏偏有時問題明明很簡單，卻搞了半天還是找不出到底問題在哪。

此外進出無塵室（Fab）要穿脫無塵衣是相當麻煩的一件事，所以主管總會希望盡快一次就把事情做好再出無塵室去吃飯休息，作為下屬也只能摸摸鼻子繼續把工作趕完再離開無塵室，常常不是忙到天都黑了才從客戶那離開，不然就是永遠都把下午茶當成午餐在吃。

當然客戶就是因為機台故障無法 RUN 貨，才需要我們盡快修好，不然這對有出貨時間壓力的他們來說會是很大的困擾，因此主管才會要求以盡快維修好為優先，只是長時間待在這無法見天日的地方，感覺自己好像每天都在虛度人生，穿梭在這一座又一座不見天日的巨大機械牢籠裡，也迅速讓我失去對工作應有的熱情與創造力。

索性撐到月底就隨即決定跟主管請辭離開這個鬼地方了，原以為主管應該會認為我是個草莓族之類的馬上批准，沒想到連續三位經理都輪流找我約談，希望我再三考慮離職的決定，不要這麼快就放棄這份工作。

雖然欣慰主管對我的慰留，或許在這一個月的工作裡，我表現出的積極與認真還是有受到主管賞識與肯定，我也知道自己絕對有能力勝任這份工作，只是就長遠來看，我真的清楚自己無法在這份工作上找到長久的熱情。

如果學生時期的你沒有累積什麼工作或實習的經驗，在出社會後可以趁第一年至第二年多嘗試不同類型的工作，但這麼做的目的是為了找到你真正有興趣與熱情的工作，而不是因為瑣碎理由就辭職不幹，就像談戀愛一樣，可以先多認識朋友再決定要跟誰認真在一起。

最後事實證明，人真的不要太鐵齒去做自己其實沒興趣的工作，除非你相信自己有辦法從中找到工作的樂趣，特別是在你的好奇心與熱情被消耗殆盡以前找到。

即刻就要的戰力

有鑒於我無法接受高科技產業的工作環境，於是我後來又輾轉回到時尚相關產業的飾品設計公司上班，還記得剛進公司上班的第一週幾乎每天都在看 E-mail，除了認識材料種類與工序成本，同時也要瞭解每個部門正在進行的設計系列進度。

由於公司在台灣只有設計辦公室而沒有工廠，因此公司內部 E-mail 裡包含了所有季度的開發品項、設計要求、修改、特殊追加項目、新素材開發、樣品打樣進度、報價細節、材料採購回報，以及必須盡快認識的各單位人員名單。

一週後馬上就被要求出差三週，老實說我連公司內部信的內容，以及本季開會的系列樣品都還搞不清楚，在還沒進入狀況下，就風塵僕僕地飛去深圳工廠了，而且一下飛機隔天就要跟資深設計師去香港與中國區業務及歐洲客戶開會。

請不要誤會出差是件很有趣的事情，隨著沿路從香港機場坐小三通七人巴士到深圳郊區，眼前的景色從時尚高樓變成莫名其妙的落後工業區，看著窗外的荒涼，我都不自覺地全身發癢了起來。

當巴士抵達公司附近下車後，我撥電話請公司的台幹專屬司機來接我，電話接通的同時，他操著一口很不流利的四川普通話，咬字極度不清楚，我感覺還沒介紹完自己是新來的台灣設計師，就被他掛掉電話說他馬上到，還好不一會兒他真的有順利來把我接回公司去。

所謂「出差」是去解決問題的，根本不是一般人所想的觀摩學習，以為拿著筆記本帶著工安帽，有專人帶領著了解工作流程，然後再逐一安排工作讓你去完成，那可能是科技業才有的ＳＯＰ流程，流行設計產業在本質上還是屬於傳統產業居多，沒有太多時間讓你慢慢進入狀況。

出差期間，必須要有一種自覺，即使今天老闆不在公司，也要有效率地持續推進工作進度，而不是混吃等死的在那邊數著還有幾天可以結束出差回台灣，否則出差期間會過得很痛苦，老闆雖然忙碌也很少會來設計部門的辦公室，但工廠內的眼線還是很多，再混也不會容許你在工廠裡明目張膽的打混摸魚。

在還沒當設計師以前，總看著報章雜誌或是電視裡所介紹到的各行各業設計師，是那麼樣的光鮮亮麗，可是真的成為一位設計師後，除了自身專業度要不斷提升以外，學東西的速度也要變得比以前更快。

因為不夠快的話，就不能即刻被應用，不能被應用，現階段就等於沒用，沒用的設計師下場自然就是回家吃自己，而且不用公司逼退你，你自己就會想求去另謀發展了，這也是為什麼設計的工作流動性大，當然擺爛繼續待著的人也不曾少見就是了。

出差首日就面對一堆陌生又帶著懷疑你的臉孔，因為陸幹對台幹來來去去已經習以為常，心裡大概打量著你可以撐多久之類的，或是你有什麼真本事可以協調工廠各部門的運作。你沒有聽錯，「協調各部門」，因為除了幾個台幹經理之外，設計師有絕對的分量要求底下職員做很多事情，也就是幾個人之下幾百人之上的意思。

在大陸做流行產業的開發設計師與打樣流程管理主管，必須表現出一副無所不能的氣勢，任何問題到你手上都能解決，因為如果沒有這種氣勢的話，很快先是手底下的助理會開始不信任你，然後助理們再傳話出去給整個生產線，最後大家就會口耳相傳地說這個台灣來的設計師沒什麼用，問他什麼都不會，或是無法提出有效解決方法給底下的人去執行。

如果情況發展到上述這種階段，你就不再是一位適任的設計師了，而且在工作壓力下也會很快就萌生遞辭呈的念頭。高度的責任感，會讓這趟出差輕鬆許多，也會讓你的工作有效地逐一被完成，因為堆積如山的工作，每件都是細節，一件樣品的誕生需要經過許多人的經手來完成。

其實設計師真的不若外人所想像的畫畫圖就好，要會的東西非常多，甚至電腦軟硬體維修也要會一點，因為沒有電腦可能會讓你的工作無法順利進行，在碰到其它複雜問題時，也必須自己找出替代方案來執行，更要擁有當機立斷的處理能力，不然工作就會不斷被延遲。

但即使再忙碌也必須在工作中不斷學習，而不是在下班後才進修，因為工作中有太多事情可以學習，如果全都累積到下班後才做，那會壓迫到你原本應有的休息品質，這就好像以前上學時，老師說上課認真聽講的話，回家根本不太需要複習，道理是一樣的。

如果在工作中就能專心投入並積極學習，下班其實真的不太需要刻意再進修，自然能放鬆休息培養隔天的精神與體力。而出差能學到多少都是自己的，不能學到的也能當作是種經驗，歷練累積的快慢，往往在出差後很快就會快顯現出來。

量化天馬行空的設計

設計是種不斷在接受創新與拒絕陳腐的工作，雖然偶有復古風潮的復甦，但絕對不是千篇一律的性質，熱情可以讓你不斷超越以往的水準與質量，積極可以讓你不斷掌握新資訊並轉化成工作的成果。

在進入職場後發現業界所需要的多半真的只是扎實的基礎能力而已，因為除了本質學能的部分，其實要花更多時間在學習其它方面，比如跟同事及部門間的人際溝通與分工，或是和廠商議價及出貨進度調度。

所謂設計師的工作，絕對不是像偶像劇或是電影裡演的那樣，只要坐在辦公室裡翻著色票，對著電腦動動滑鼠，拿著筆在紙上隨意畫些設計草稿，再叫助理進來把這些設計草稿都拿去打樣，或是端杯咖啡開設計進度會議這麼輕鬆。

相反的，這是一份從設計、材料應用、製作成本都要在頭腦裡清楚掌握的複雜工作，很多時候反而會覺得單純畫設計圖才是最輕鬆的，因為在設計之後所要面對的生產流程、品質管理乃至於業務行銷的推廣，比起前端的設計工作更為複雜。

在學生時代，老師、教授要求交報告或是小組作業，通常是三天或一個星期後交，但出社會工作後，老闆慢則要求你下班前交，快則一兩個小時內就要，因為你每分每秒的付出背後都有數字在計算，自然必須要更有效率地執行量化工作的流程與內容，這樣才能如期完成每個階段性的工作。

以前剛學服裝設計時，有堂課是服裝插畫課，老師教我們畫服裝設計圖雖然沒有特別限制要多快畫完，但老師不免在課堂結束前，語重心長但客氣地提點我們實在畫太慢了，以這樣子的程度，日後去業界上班會很辛苦的。

老師隨即就在下課前五分鐘，迅速示範一張設計圖給我們看，不管是用色、筆觸、表達方式、尺寸、材質、都在傾刻間就完成了，看得我們覺得神乎奇技，但這就是將來面對業界時所需要的效率與精確。

就在幾年後，我也真的進入服裝、飾品產業裡工作，這才深刻明白老師當年下課前那番話的意思，因為在時尚產業裡上班時，就真的得很快畫完設計圖，因為工作絕對不是只有畫圖而已，還有很多其他繁瑣的工作得同時進行。

在面對每季的設計，要如何一直保有新的靈感來源？其實這真的是個老掉牙的問題，只要身為一個設計師，就會很本能地去吸收很多新知或趨勢，不管是從網路、書籍雜誌、電影、休閒活動、甚至旅行中擷取，這是日常生活中就在儲備靈感來源的無形工作，會自然到跟呼吸一樣。

然而每個設計師都有自己靈感的 Memo 方式，用來記錄這些得來不易的繆思，可是當真的要在工作中派上用場時，卻常常發現能被實際執行的卻又是少之又少，若再加上失敗的機率，可能最後完成的僅是那百分之二十的絕無僅有，這就是設計無法完全被量化的結果。

不過這些經年累月的觀察力還是會慢慢被培養得很敏銳，讓你在日後瞄一眼新事物就知道這個模式或方法可不可行，甚至自動在腦海中，就能精算出尺寸、材料、技術、成本等等的製造端解決方案。

每個設計師的腦袋背後永遠不會只有美好的設計圖，而是一切需要完成這項設計的所有資源，有些公司可以讓你揮灑個人風格，有些公司則需要配合品牌風格而畫，或許圖面不需要很細緻，但規格、尺寸、顏色、主副料、配件都不能出錯。

在設計工作中，設計圖除了老闆會看以外，其實最主要的還是給工廠或打樣工作室看，如果他們拿到設計圖卻無法正確判讀出所要表達的是什麼，接著就會導致很多生產流程上的錯誤，甚至浪費整條產線的打樣流程。

一旦錯誤的圖提交出去，就會在每一站都跟著錯，除非其中某一站主動提出問題，否則等成品完成時，就會知道這一切都為時已晚，也浪費了大家的寶貴時間與公司資源。

事實上，每季開會有新提案並不稀奇，對流行趨勢有獨到看法也不是特別重要，最重要的是有量化與精確執行這些idea的能力，而不是自恃那些無法生產或是沒有商業價值的驚世設計概念。

這些事情通常在學校裡都體會不到，唯有真正踏入業界以後才會明白，如果你是大師級人才，上述這些當然都不成問題，因為公司或集團會找資源與專家幫你搞定一切，不過在成為大師以前，還是得先按部就班把量化天馬行空的設計本領磨練好。

這三週永遠只能接受意外

在飾品代工廠當飾品設計師，出差大陸深圳原則上都是為期三至四個星期，偶爾也會因為工作進度而延長停留時間，但出差真的如想像中有趣，因為每次去都要解決很多問題，或者說繼續銜接前一位出差設計師沒能處理完而遺留下來的爛攤子。

每次抵達工廠，就自動先進辦公室，一刻都不得閒，在滿坑滿谷的樣品中聽著助理報告近況，了解有無特殊事件需要我隔天馬上處理，之後巡視完產線一圈，了解樣品製作進度才回宿舍休息，不過此刻腦海裡已經浮現出一個畫面，就是從明早開始到出差結束那天，都不會有輕鬆的好日子過了。

在大陸的中小型傳產代工廠，多半沒有完整的制度與績效獎賞，只把陸幹當作成本看待，導致人事流動常會影響到工作進度，加上沿海城市的缺工問題始終存在，所以很難在待遇不佳的傳統產業裡維持相對穩定的員工流動率。

公司也沒有所謂的雲端資料庫系統、穩定的 E-mail 系統，在大陸的網路限制下，為了防止外部聯繫也無法使用 Gmail，更別說上班偷閒上個 FB，所以一切的工作，可以說都是在非常克難的情況下進行。而客戶臨時來訪視察、工廠跳電（地方限電）、基層員工曠職搞失聯、信件伺服器故障、模具壞掉不見、做好的樣品離奇失蹤、委外加工的半成品損毀遺失……這些都是常見的情況。

畢竟公司生產的是流行性商品，所以每季需要開發的新樣品數總是屢創新高，在設計部門與生產部門共用資源的原則下，假如恰巧遇上量產出貨時間（經常遇到），原本在線上的樣品製作員們，都會被拉去協助量產的出貨商品組裝，甚至連噴塗、塑膠射出、五金、倉管、行政、報關、採購、業務……都會被叫去。

此時就需要不斷跟生產部門協商人手的調配，因為設計部門的樣品一樣有所謂的交期，或許不像生產部有出貨合約的絕對壓力，遲了不僅要空運還可能得被客戶罰款再被叫去洗頭（客訴），可是如果同業比我們更快提交又快又好的打樣成品，那下一期或許生產部也不用出貨了，因為訂單已經被別家同業拿走，所以真的是很兩難的事情。

當設計師無奈看著空無一人的樣品產線，看著這些半成品，再想到如果趕不上交期或開會時程，到時誰來幫設計部門背黑鍋呢？只好自己親手下去協助製作樣品，希望亡羊補牢之舉能加減把樣品數再衝高一些。

不過公司有時會自作聰明要求一些不相關的基層員工來協助樣品製作，雖然是美意，可是卻沒有太大的實質幫助，因為這些基層員工會認為他來上班只是當一天和尚敲一天鐘，本分以外的事情全都打馬虎眼，沒有所謂的團隊向心力，即使明知此刻正缺人手也依舊故我。

有時進度因人手不足而開始產生延遲，最怕又接到客戶來信告知臨時改訂單甚至追加訂單，或要求在超短時程內開發某個可能會興起潮流的商品，完全就是心血來潮的任性。

不過客戶會這樣也是可以理解的，因為快速時尚的關係，任何客戶都會不斷想嘗試著趕搭上所謂的「潮流財」，所以為了持續與客戶保持良好關係，在永遠不能讓客戶失望的前提下，設計部門只得把這些天人交戰的問題一一攬下，而心酸則往自己的肚子裡吞。

每年國定假期後，也是見證職場倫理崩壞的絕佳時刻，台幹總是屢屢擔心那些大陸員工放假之後就不回來返工了，有的回內地老家種田、結婚，也有的則是另謀高就，但很多人都是一聲不響的我悄悄的來也悄悄的走了，而且經常不是某一個人的單一事件，而是集體性整條產線都人間蒸發。

所以我也常因工作壓力的關係而「日有所思，夜有所夢」，壓力大到連夢境都是公司的事情，但這一切在日後離職回想起來，或許這些「意外」的過程看似痛苦，其實是給了我許多寶貴的歷練機會，讓我學習如何應變突如其來的狀況，並在短時間內想出有效的解決方案。

動彈不得時才有的覺悟

就在最後一次出差，連續一個月的密集工作下，除了週日每天都工作十四小時以上，好不容易捱到出差結束從深圳回國那天，一下飛機馬上就在出關時被疾病管制局的人員叫住，因為熱感應系統顯示我的體溫過高，他們隨即幫我用耳溫槍測量，結果我體溫竟然高達三十九度，他們問我沒有感覺非常到不舒服嗎？我回他們只覺得自己疲倦到不行而已，於是他們立刻簽了張就診單給我，要我馬上去指定醫院就醫並追蹤回報，因為極很可能是腸病毒感染之類的。

從機場回家的路上，我心想不過就是發高燒應該沒這麼誇張才對，回到新竹後便去國立新竹醫院掛急診，本來想說拿個藥打個針應該就可以回家了，但沒想到在一連串檢查後，醫生要我立即住院隔離觀察而且出院時間不確定，有沒有搞錯啊？

面對這突如其來的診斷，我也只能無奈地立刻跟公司請假，不過也真奇怪，一住院所有不舒服的症狀就全都浮現，像是不停的發燒跟腹瀉，化驗檢體後醫生還告訴我查不出實際病因，只說可能因為工作過勞而導致免疫力下降，但因為症狀跟腸病毒很像，所以還是先把我安排在隔離病房觀察，這下可好了，病房內都沒有別人，就我一個人躺在偌大的四人隔離病房裡，雖然不斷發燒讓我很不舒服，但耳根清淨的感覺也讓我得以好好休息及沈澱自己。

隔天早晨醒來後，雖然沒有食慾卻必須勉強吃點東西維持體力，就吃著家人削給我的蘋果看電視，由於早中晚病毒發作導致的間斷性發燒，會很快就讓我陷入昏睡的狀態，所以我得把握自己在意識清醒的時刻，看個新聞節目了解一下時事。

醫院病房的電視頻道向來都是數量有限，所以就轉來轉去加減看，印象中轉到大愛台正在演出本土劇的那種連續劇，那個片段是在講述一家大公司的老闆交棒給兒子經營管理，但是由於問題太多太複雜，最後兒子在求好心切下，忙碌到身體出了問題而住院，這時父親才真正了解到事業不是人生最重要的部分，健康的身體與緊密的家人關係，才是世上最值得努力的事情，看得我瞬間眼框蓄淚，因為這個劇情感覺 match 到了我自己。

在接下來的幾天裡，我白天睜開眼睛時想著一件事，晚間闔上眼睛時也想著一件事，就是「未來」這件事，仔細回想自己出社會這幾年，有拼勁是沒錯，但如果把身體搞垮那一切也都白費，必須調整作法而不是用蠻幹的心態，也必須重新權衡工作與健康的比例。

賺錢這件事可以用輕鬆也可以用嚴肅的態度去看待，而我因為工作過勞住院才開始深刻明白自己的人生不能再這樣下去了。如果一家公司除了給你看似優渥的薪資以外，不能再給你其它東西，那你真的要考慮是否該轉換跑道了，原因是如果你現在不轉換，而這期間你又沒有學到其他實質的技術或能力，或總是用同一招模式累積工作年資，十年、二十年一眨眼過去，很快就會把你原有的機會成本甚至健康都給消耗殆盡。

覺悟是一種極致的領悟，完全參透問題的根本，但這往往需要透過事件來強制誘發我們去思考，就像我因為過勞病倒才開始懂得去深思工作之於人生的意義究竟是什麼，當工作與人生無法平衡時，就是個警訊，在告訴我做出重大改變的時刻已經來臨了，而我還不到三十歲，所以這一切都還不算太晚，出院後我必須為自己重新定義新的人生方向。

所謂物業管理

在隔離病房住院一週後，我便莫名其妙地恢復健康出院了，醫生說可能真的只是因為過勞而導致免疫力下降，身體才會比較虛弱容易讓病毒入侵，不過這場病算是給我一個合理的藉口請假好好休息，雖然是用付費的方式來申請。

出院後，我毫不猶豫地立即向公司提出離職申請，但由於時間點恰巧已經接近年底，於是我把正式辭職的時間訂在農曆年過後再走，這段期間可以陸續做好交接工作，並讓公司提早開始找頂替我的新設計師。

很快地結束了短暫歡樂的農曆新年，我也正式回到了無業遊民的身分，不過對此我卻沒有太多的疑惑，因為在之前的住院期間，我其實大概已經想好之後要做什麼了，就是參與協助打理家中的物業管理工作。

所謂的物業管理，其實就是泛指房地產相關投資或租賃的工作，但家裡並沒有開設公司，就純粹只是散戶投資與租賃服務而已，也由於家裡從以前到現在都沒有其它理財方式，長期只專攻房地產方面的投資，於是我便大膽地向爸爸提出建議，希望我能正式接手家裡對物業方面的經營。

可是與其說是「接手」不如說是「貼身學習」還比較貼切一點，因為在物業管理這個領域所要懂的知識範圍真的非常廣泛，像是從法規沿革到地方建設乃至於政府政策都必須去涉獵，雖然在從小耳濡目染的情況下，我比同年齡的人更了解有關房地產的買賣流程與相關法規等等，但在實戰經驗上仍嫌不夠，所以還無法獨自與仲介及賣家做直接接觸。

但我自認自己這在方面很有天分及 sense，這讓我對物業管理這方面的資訊吸收得很快，也能很快針對個案投資提出建設性的見解，所以爸爸很喜歡聽取我的建議並跟我討論大方向的投資分析。

家中最早出租房屋的經驗其實是在我唸研究所的時侯才開始的，當初剛去唸研究所先修班時，在下飛機搭車到宿舍後，一搞定宿舍網路開啟電腦，就接到某位國小同學蒂娜（Tina）跟我 Skypy 問起租屋的事情。

由於那時剛好家中有自住的新屋完工落成，蒂娜的親戚需要租家用型辦公室，而我家剛好有房屋空著待租，於是簡單跟她描述後，就請她跟人在台灣的爸爸接洽，幾天後我打電話回台灣，爸爸就告訴我房子已經租給蒂娜的親戚了，這就是我最早開始接觸的租賃經驗。

那次雖然只是純粹整棟透天出租並不會很複雜，但這個過程卻奠定了我後來對租賃管理的基礎概念，很多人以為當房東很輕鬆，可是租屋管理所需要的知識並不亞於其它工作，需要有識人的本事與圓融的處事技巧，其實有點類似像在開公司養員工一樣，只是付出跟給予的形式有點不太一樣而已。

如果管理的好自然是無事一身輕，可以把空出來的時間挪去做其它事情，但管理做不到位的話就會問題一堆等著電話接不完，租屋的重點其實在於人，只要人對了，過程就會順利了。同時管理者也要有替房客解決問題的危機處理能力，舉凡任何修繕相關事宜，你都必須清楚知道附近有哪些維修單位可以在最短時間協助你處理問題。

正式介入家中的經營後，我又再次建議投資一棟市區的透天套房出租，這次需要管理二十間套房，比起先前單純出租辦公來說，套房出租就有比較多狀況，像是修繕次數多、硬體設備折舊率高、租客流動率較頻繁、突發狀況也多。

所以自己必須對整棟房子的所有硬體設施都瞭若指掌，才能在狀況發生同時，立刻知道如何在最短時間內排除它，也要分門別類地建立完整的資料夾、備份鑰匙箱、硬體維修聯絡資料、租賃相關記錄表等等，以便在我因臨時有事而無法親自處理時，可以由家人輕鬆遞補幫我接手處理，同時也必須慎選優質房客來維持整體居住品質，畢竟現在社會事件層出不窮，要避免發生這類事情就得花點心思耐心去篩選房客。

平時除了管理租賃以外，就是和爸一起研究經營家裡的物業投資，我的主要工作就是提供意見與資料蒐集，以及針對個案與爸爸一起探討，並聯絡仲介請他們帶看物件，從與仲介交談互動中學習相關新知與資訊，雖然目前我還無法獨斷去決定重大投資，但我相信以這種速度成長的話，在三十五歲時就能完全獨當一面了，爸爸也說常說，他總有一天得交棒換子女繼承，而我則是要在他離開以前，盡量在他身邊把能學會的都學起來，因為物業管理真的是門很專業也很複雜的學問，我希望未來換我當家時，自己也能擁有像爸爸這樣長遠的投資眼光。

Chapter 3

Time Management

時間管理

有一種朋友千萬不要交到，
就是「遲到」這種損友，
因為它輕則讓你錯失良機，
重則讓你終生抱憾。

FB不超過一百人

相信在這個時代幾乎每個人都有FB（Facebook），就好比當年人人都有MSN或Yahoo!即時通一樣，我是二〇〇八年在英國念研究所時才開始使用FB，而原本我的FB好友一度有超過三百人，但後來我發現這其實不是個好現象。

沒錯，FB可以串聯許多朋友社交圈，甚至聯絡上許久未見的親友，拉近彼此因生活忙碌而疏遠的距離，或是你也可以大膽一點主動去認識陌生人，但相形之下卻也有一個致命的缺點，就是你的生活將完全攤在大家面前，當然不是說你因此就無法Po什麼私密照片或是露骨言論，你當然還是能利用FB的閱讀權限來控制。

我認為人們有了FB這個社群網站後，對社交的篩選能力越來越差，感覺就像去吃到飽餐廳一樣，會讓你開始不懂得慎選交友對象，因貪心而導致吃太多，傷了腸胃卻不自知。你有沒有想過一件事情，如果FB限縮你的好友數量，你會怎麼進行篩選？看到這裡，你應該懂我的意思了吧！一旦要做出明確的選擇時，我們才會逼自己做選擇，否則可以全拿的話，何樂而不為？

對我來說，限制交友人數跟整理房間的理論很類似，塵封太久的一切，我們需要適時去淘汰，而不是全放在同一個籃子裡，試想一顆爛蘋果放在一整籃蘋果裡，其它蘋果會不會很快也壞掉？所以道理是一樣的，我們必須有意識、定期主動把這些爛蘋果揪出來，才不會壞了整籃的好蘋果，所謂的蝴蝶效應也可以應用在這個地方，很多事情都是由很細微的原因所慢慢演變出來的，如果能夠事先預防或許就可以避免了。

在這個複雜又競爭的社會中，我們不免會在ＦＢ上面發表一些負面失落或情緒性的文字，有時也不是要針對誰，或是真的意有所指。但無論如何，總會有些不識相的人愛來亂，回應一些莫名其妙的話，可能原先的本意是憤怒、悲傷，他卻是給你按個讚，或是回些冷嘲熱諷的話。

你當然也可以選擇視而不見，或是把這條回應刪除，甚至把這個人刪除封鎖，並設定留言權限，這些都是選擇。可是我覺得以上都不是真正對的做法，與其這樣，倒不如在一開始就貫徹交友的慎選，這樣起碼可以直接避免許多無謂的是非產生。

為此我才嚴格限制自己ＦＢ的人數不超過一百個，會加入的朋友都是我在真實生活中有交集且有實質聯絡的人，我認為這個數字是我的處理極限，因為我不想成天為了回應ＦＢ的訊息而盯在螢幕前，這樣會浪費很多時間讓我無法去做更應該做的事情，雖然社群網站已經不同於以往單純作為人與人之間聯繫的功能，也加入了許多娛樂與資訊交流的平台，因此我不反對花些時間在這上面，只是凡事過與不及都不太好，得有所節制才行。

當然也有人把FB當做人脈延伸的平台，這點我不反對，只是相對地你要花很多心思經營這個部分，代價的部分就是我前面所提及的，只要你能接受也有時間處理，我也不反對這種作法。

我有個朋友曾矯枉過正，告訴我她要關掉FB，當下聽到她這樣說時我真的心裡一愣，想說她是發傻了嗎？細問之下，她覺得自己花太多時間在FB上面，覺得自己中毒太深。聽完我心裡覺得這根本是件很奇怪的決定，因為我們多數共同的朋友圈都有使用FB，就像現在人人都有手機，你可以跟我說你不想使用手機嗎？費率多少是一回事，能不能上網更是另一回事，但沒有手機跟網路真的是在變相告訴別人：「我正在與社會脫節，請不要理我」。

我們這一代的社交媒介已經走上網路，你卻刻意選擇寫信、寫明信片、打家用電話來聯絡？不免讓人覺得你的做法太落伍了，無法接受新的想法與做法的原因，只因為自己無法駕馭這個工具，就說工具不好不要用，這真的是很荒謬的想法。

但如我同猜測的一樣，過了好一陣子，她又突然出現在FB上面了（笑），當下我也沒有去過問她為什麼又開始使用FB，我想她明白走在這個時代尖端的我們，有很多新形態的生活方式是無法逃避的，因此我們一方面要學著去接受新的溝通媒介之餘，另一方面也要懂得去妥善運用它才行。

千萬別遲到，因為人生已經有太多意外了

遲到，真的是一件令人非常討厭的事情，可是這種事情卻總是層出不窮地發生在生活的各個角落，我們一生中總會結交到許多形形色色的朋友，但有一種朋友千萬不要交到，就是「遲到」這種損友，因為它輕則讓你錯失良機，重則讓你終生抱憾。

平時透過一個人對於守時的概念，來判斷這個人的為人處事態度，或許不是評估的絕對準則，有時也太過於以偏概全，但我真的覺得在絕大多數的狀況裡，這的確是個最簡單也最實際的方式。

如果連赴約的時間都無法掌握好，就很有可能表示這個人對時間觀念掌握得非常差，因為所有一切行為的起點都是由時間來串聯的，就連歷史也是如此，站在歷史面前的我們是如此地渺小，所以我們又有什麼資格不去尊重時間這個基本原則。

遲到對我來說，等於失信於人，在與對方還沒有任何利益關係之前，你已經先毀掉你的力基點，當一個人不能守時的時候，我也不再相信，他在其他事情上給我的承諾會有多

美好，甚至連他的專業能力都會被我打折扣，因為不懂得尊重時間的人，在專業執行上肯定會有某種程度的缺陷存在。

相信你我一定曾遇過這種人，他們多半本性善良，但對於生活中的大小事情總是沒有時間概念而喜歡遲到，也由於他老是在遲到，所以人生很多事情也跟著遲到了，遲來的機會、升遷、加薪、發展，問題都在於他不願意重視時間的重要性所造成的。

常有人覺得遲到一下是人之常情，那種人勢必沒有體會過因為遲到而帶來的巨大損失，所以無法體會時間的力量，是凌駕在其他所有主客觀因素之上的。所以請務必要養成守時的好習慣，守時是一種最基本的承諾，如果連基本的承諾都失信於人，那只會讓你在未來的日子失去更多機會、付出更多代價。

有時難免面臨天災人禍，讓我們體會到什麼叫做「計畫趕不上變化」，但我們既然都清楚這個情況是不可抗拒的存在，那就更沒有理由遲到，反而應該去做更周詳的計畫與預備方案，而不是選擇把它當成藉口來作為選擇性忽略的依據。

「遲到」等於是一個把結果搞砸的最直接方式，人生要承擔的意外已經太多了，如果能把守時這件事做好，絕對可以減少很多意外產生的機會，自然也不致於會需要常常重新體會「計畫趕不上變化」的窘境，往往很多時候，外力因素的始作俑者其實都是我們自己。

當你選擇疏忽一些小事情的時候，往往就是衍生大紕漏的開始，試想一個杯子底部有個小孔，短期內感覺上好像不會怎樣，但隨著時間流逝，最終杯裡的內容物就會流光了。

在繁忙的現代生活裡，我們常常需要一人分飾多角，即使事情變化導致有遲到的可能，也必須先主動通知對方，而不是讓對方空等，甚至等到對方打電話來詢問你到底人在哪，或是還要等多久之類的情況，這是非常不禮貌的事情。

遲到之於說謊其實只有一線之隔，當你無法如期完成某件事情，或者達成他人之所託，你其實已經跟說謊沒有兩樣了，因為你會找藉口，而選擇遲到的人，就會找藉口編謊言。

信用是靠時間累積出來的，而守時就是一個最簡單又不必花錢的方式，只是人們往往都不懂得這個再簡單不過的道理。如果老生常談說時間就是金錢，那在守時的當下，你其實已經在為對方省下許多金錢了，不是嗎？

培養抉擇的能力

人生一路上走來，我們會發現一個共通點，日復一日的生活不過就是在做一堆選擇罷了，不管這件事情是大是小、是複雜或簡單、又或者困難還是輕鬆，我們總要用選擇去面對，而每個當下的選擇，都是過往經驗所累積出來的投射，所以結果的好壞，總可以在回朔過往中得到解釋。

因此在培養專業能力之餘，有時靜下來思考，其實往往抉擇的能力更為重要，這可以引導你走向一個較為正確的方向。專業能力可以經過時間的焠鍊，也始終只是一個條件，好比考試時就算讓你 OPEN BOOK，但明明是考國文卻拿出物理課本來，那當然找不到你要的答案。

雖然常有人說條條大路通羅馬，每條路也的確都有值得發人省思的可能，但誤差值小的方向與方式，卻可以讓你少走許多冤枉路。畢竟人生不都該盡量浪費在美好的事物上嗎？那我們就更該重視每個抉擇背後所帶來的意義，有時選擇本身沒有絕對的風險，真正有風險的是我們自己，因為我們的抉擇，才是決定風險的關鍵。

有時非常討厭一種說法，就是常聽到有人評論別人的某個決定「沒有對或錯」，每次聽完都會很納悶，因為我認為在每個艱難的決定之前，當事人勢必都已經在心裡天人交戰過無數回才產生了結論，也勢必意識到這個決定建立在一定程度上的取捨，不然最後是怎麼做出決定的？所以又怎麼會「沒有所謂的對或錯」？

這其實跟人生的情況是一樣的，評斷沒有對與錯是「做完決定以後的部分」，特別如果你不是當事人，在評斷之前，請先在腦海中也一併認真模擬當事人做這個艱難決定時的感受再說。否則你的一句沒有對與錯的說法，也只是讓人感覺你想藉此模糊自己在判斷能力與決策風險評估上的不足而已，講得直白一點，你就是在說風涼話而已，不是嗎？

就好比是非題的圈與叉，在試卷上你也只能填上一個符號，不可能同時畫上圈跟叉，就算這道題目你覺得出得很有問題，但在考試期間是不容許你抗辯的，只能在規定的時間裡用你畢生所學的一切去作判斷並選擇你的答案，即使真要檢討此題的疑問也是考完試以後的事情了。當然你也可以選擇空下這題不答，作為沈默的質疑，或是期待有人會搶先提出議異，自己只需要附議即可，但這真的不是一個長久之計，因為機會與命運多半是操之在己。

或許人生不見得只有是非題，可是即使在選擇題上也是一樣，雖然選擇題時常也有所謂的複選，少選一項你也照樣錯，但請記住不是每張考卷都有複選題，就算有複選題也不是整張都是複選題。

我們從小其實都習慣了短時間內在課堂上，透過考卷作出選擇，但離開校園自由了以後，少了考卷，也少了２B鉛筆與答案卡，發現自己無法果斷地抉擇自己在人生中所面對的問題，這時我們才開始體會到，其實人生根本無法用考卷的型式來定義。

任何選擇都有一定的風險，但最後決定風險大小的真正因素，還是取決於我們自己，而不是選擇本身。在人生的很多時刻裡，當你開始發現不管自己猶豫與否都得決定的時候，就是個起點，逼著你必須學習用更縝密廣泛的角度去思考問題，而這些無數的起點最後會連成一條線，回顧線的彼端就是你我人生過程的縮影。

做就對了，執行力

每個人的內心深處都有一種渴望改變的欲望，但誠如我們所熟悉的，多數人都遲遲無法行動，因為人們總是好高鶩遠，把欲望與期待寄託在一些不切實際的可能上。而能讓一個人決定改變現狀，並放膽追求的轉捩點究竟是什麼？是來自於一個明確的目標、清楚的願景以及可行的計畫。

與其在等待中浪費人生，不如在追求中燃燒生命，直接去做比坐在電腦前，拚命想要找出最完美的計畫更為重要。但在執行之前，必須客觀審視自己手上握有的資源究竟有哪些，因為決定成功的關鍵不在於外在事物與環境上，而是在於你真正了解自己，並試著把時間投資在你認為有趣且有價值的事物上。如此一來，當你給自己訂出目標時，就會比較有紀律地去執行，因為我們總是喜歡從事自己有興趣的事物，這是一種練習，練習如何找出真正屬於自己熱愛的事物。

從小的細節開始，依細節輕重而定，把這些項目堆疊成更具體的任務，再逐一去完成它。細分項目的好處在於讓你時時清楚自己該做什麼，又該如何針對項目引導自己找出具體的執行方法，好讓你完成階段性任務。

把這些過程紀錄在心裡，看看哪些方式能讓自己快樂，並提醒自己反覆去練習，成功其實是一種改變，從不一樣的嘗試中得到更多的樂趣。對我而言，改變的方法就是讓事情具體化、可掌控的。如此一來，就會產生源源不絕想繼續做下去的動力。

所謂的執行力，就是必須把自己的想法付諸實現，而不是空口說白話，你不需要賭上身家全部，以保險一點的做法來說，你可以保持百分之八十去做原本的人生，百分之二十則毫無保留的去嘗試，但往往許多人連這基本的百分之二十都很難完全做到，猶疑不定的因素都在於我們不敢冒險，這個社會也不鼓勵我們在有限的範圍內冒險，可是如果連這百分之二十的冒險都不願意揮霍得淋漓盡致，我們又如何能聰明地迎接百分之百完美的機會降臨。此外，如果這件事讓你連一點猶豫都沒有的話，那可能也不值得努力了。

另外也別天真地相信所謂的「吸引力法則」，那只是一種心靈鼓舞的效果，喊得爽喊得志氣高昂那又有什麼用，等關上喉嚨要你執行時，你可以付出多少努力去實踐？這也是為什麼許多人總是雷聲大雨點小，只會用嘴巴說理想，而不會用雙手去實踐理想。

這世上沒有任何計畫是完美的，我們只能在執行的過程中，不斷地去修改，並時時回顧這個計畫的初衷與目的，除了現行的做法以外，還能有別的可行性嗎？在這些修改的過程中，可以協助我們更快釐清計畫的價值與意義。所以產生自我懷疑是件好事，因為這會讓你時時檢討自己現在究竟在做什麼，又做了些什麼。

當然一路上我們免不了會不斷地問自己，究竟現在走到哪？離目標是否更靠近了些？但人生最有意義的時刻永遠都是當下努力的每分每秒，在成功以前，你越想定義結果，就越容易迷失當初堅持的初衷。

多數成功都建立在執著上，當然也有許多失敗來自於盲目的執著上，如果你已經有過通盤理性的思考，評估過一切可以承擔的所有後果，在堅持與希望的夾縫中，我相信你已經看見成功的一絲曙光了，然後不要想太多，做就對了。

雖然這個時代的我們比較辛苦，但一切都取決於你想爭取怎樣的人生，而我可以很肯定的告訴你，走別人鋪好的路，最後通常不會太有成就，也許一開始你領先別人蠻多的，但相信我，十年後你再跟周圍的人比較看看，你會發現自己已經離開領先隊伍名單很久了。給自己創造多些機會，並盡量在年輕時不斷嘗試不一樣的路線，我想這可能才是我們最應該要做的。

理性放棄的原則

人生中有很多決定是相當艱難的，但不是所有決定，都會引領你一路向北到達終點，也有可能在半途就必須強制折返，但我們常常都誤以為傻傻往前衝才是對的，有時候選擇放棄其實並不是種怯懦的行為，反而是給自己一個很好的機會去重新釐清目標與方向。

在我大二時，由於校外研究所補習班不斷來學校招生、辦說明會等等，於是這時班上就分成了兩派，一派是不打算考電機研究所，畢業後直接去就業，另一派是打算要報考電機研究所而選擇去補習班報到或選擇自修，而我卻是這兩派之外的第三派。

其實面對大學畢業後的未來，我不是沒有認真思考過，只是看到同學們已經開始有所行動時，我才驚覺大學真的只剩二年了，即使篤定不考慮去唸電機研究所，那在這最後的兩年裡，我究竟應該做些什麼？是跟著大家一起混到畢業，還是好好利用這二年，為自己人生重新規劃另一種可能。

於是在很短的時間裡，我馬上決定放棄準備考電機研究所，同時也不接受畢業後要馬上就業的事實，而是想在這僅剩的二年裡，好好地把時間拿來學習我所熱愛的服裝設計，如果學得不錯，還有機會能在未來多一種自己喜歡的職業類別可以選擇，又或者能出國進修設計研究所，至少我當時是這麼想的。

放棄的意思就如同做了另外一種選擇，從別的角度來看，與其說我放棄普遍認為正確的電機研究所之路，不如說是我想要投注所有精神在大學最後二年裡，積極把握住某些對我而言是真正重要的事。

當然成功實踐的過程裡包含許多要件，例如，能力、熱情、意志力、環境、資源、運氣、人脈等等因素。從過去的經驗裡，雖然人們有些想法真的是從天馬行空的胡亂發想中發現，但實際上，真能被實踐的比例卻是相當的低，主要歸咎於我們無法確切掌握什麼才是自己真正想要的，於是在現實的拉扯下撕裂了理想的完整。

懂得理性放棄的原則，當下看似失去了些什麼，但這背後的意義其實是為了讓你贏回更多，與其說這個世界充斥著各種誘惑，不如說是充斥著各種機會，但並非每個機會都是我們所能駕馭的，在無法承受、來者不拒的情況下，我們就要懂得去辨別、篩選什麼是適合自己的機會。

人在一生當中通常的只運用了大腦百分之十的潛能，但我們不是愛因斯坦，所以無法相提並論，既然我們都不是萬能的人，即使計畫進行到了一半，只要確切評估發現接著做下去是沒有結果的，就要懂得為自己踩煞車。

通常一件事情會成功，其實是拒絕了九十九個機會，來者不拒的結果，只會讓我們一件事情也無法完成。在學著接受機會的同時，學著說「不」也是同等重要，因為作出割捨，是為了把心力放在迎接更有意義的事物上。

理性放棄的原則，不是一種壓抑，而是讓我們更懂得安排事情的優先順序，知道什麼才是更重要的。學會理性放棄不是一種怯懦的表現，反而是一種壯士斷腕的精神，是甘願為了看更遠更以後的事情，而設下的停損點，這讓我們得以更加聚焦在人生當中真正重要的人事物。

提升你的時間價值

在所有人面前一律平等的東西就是「時間」，一天二十四小時，一年三百六十五天，一世紀一百年，常有人說，把每一天都當最後一天來過，就會過得很有意義，但說真的我認為這相當困難，加上每個人天生都有所謂的惰性，真的把每一天都當作最後一天來過，其實是種很痛苦的決定。

我們明明都知道人生只有一次不能重來，也無法逃避這殘酷又必須面對的事實，可是卻很少有人會去正視這個問題，往往都在事後的悔恨與失落中，才會聽見內心深處檢討的聲音。

在購買東西時，通常都會貨比三家不吃虧，除了單純的價格理由外，也會研究C／P值的高低，因為我都們不希望自己買貴或買的不值得，但我們有沒有對自己的時間價值進行過判斷？

特別是當經濟不寬裕時，自然會逼得自己去妥善分配及運用金錢，可是我們很早就知道人生是有限的，卻不見得會套用金錢模式來有效運用時間，這是因為時間從不跟我們索取任何實質利息，而每個明天過後總會再給我們新的籌碼，所以才讓我們毫無顧忌地揮霍著。

常有人在上了年紀後開始感嘆人生苦短，但如果人生真的苦短，為什麼不更有效運用時間去做些值得的事情呢？回顧以往平凡的生活裡，一定有極需要改變的地方，當然每個人喜歡的事物都不盡相同，所以不要人云亦云，而是要做自己真正想要做的事情。

如果手頭上一次有很多規畫得同時進行，在時間、人力、資源有限的情況下，必然會逼得你從中認真篩選什麼才是你覺得最重要的，這也是提升時間價值的一種體現。

好比有五個評估中的計畫，你可能選擇了其中三個重要的，而先暫緩另外二個，原因就在於你會希望至少能先確保這三件事能完成，而不希望最後一個也沒有完成。這不代表另外兩個計畫是沒有意義的，只不過是把先後順序排列出來而已，等完成了前面所選的三件事，還有時間的話，再去試著完成剩下的兩件事。

改善利用時間的效率，這要看你真正著重的地方在哪，當漸漸懂得提升時間價值的基本概念後，在生活中把時間投資在有意義的事物或體驗上，就是進階提升時間價值的方式，也許一開始沒有特別的感覺，但這會漸漸在人生裡形成一個正向的良性循環，它的價值將會在日後以其它形式回報給你。

當你認知到你的時間很有價值的同時，你就不會在意別人看待你的眼光，也不會選擇隨波逐流在一些沒有意義的事情上面，同時你的成就通常都不會太差，因為你知道自己在追求的是什麼，在熱情與時間的正向累積下，一定會成就些什麼。

要有把人生決定權重新拿回來的覺悟，才會化被動為主動去規劃往後的每一步，我大學唸電機系時，由於學校沒有設計學系，我跟同學說我要去校外學設計，幾乎沒有一個人是帶著認真的表情看我說完這些想法，但我強烈認知到自己真的不喜歡電機這門專業，我希望能在畢業前做出轉換人生跑道的可能，儘管只有兩個不是唸設計的好友支持我，但我一路走來還是莫名其妙去英國念完服裝設計研究所回來，後來也做了服裝設計、飾品設計的工作，走上一條與大學同學們截然不同的路。

但是我的大學同班同學們，沒有人像我一樣走出這般跳 tone 的路，這下子我好像變成了個奇葩，但我其實一點也不特別，我只是想認真過自己的人生而已，是因為發現了自己真心想要的事物，才會盡力去爭取、去改變、去發現更多可能的存在，我希望我的人生，也就是我的時間，以更有價值的方式存在這個世界上。

懂得提升自己的時間價值等於擁有明確的目標，當你有明確的目標與方向，就會開始認真計較每一刻時光的運用，並會不時主動地檢討跟反省你的行動，把時間做最有效的運用，只專注重在真正喜愛的事物上。

如果時間可以用金錢來衡量生命的價值，你的一分鐘值多少錢？可是偏偏時間之於每個人的價值都是一樣的，有效率地管理你的時間，應該去做更多有意義的事情，選擇有意義與價值的事情去做，就是提升自己時間價值的最好方法，你運用時間的方式就是如何度過人生的方式，更代表了你的時間價值。

沈思的力量

在繁忙的生活裡，我們無時無刻都在接收外界的各種資訊，究竟是從什麼時候開始，我們無法自拔地染上了吵雜的癮，反而遺忘了靜默的美好，一旦生活中失去吵雜，我們竟然會開始產生慌張甚至無所適從的感覺。

雖然繽紛喧鬧的生活是種認真生活的證據之一，但其副作用卻會漸漸干擾我們的思緒，也會流失精神的專注，使我們無法聚焦在真正重要的事物上。

生活中不管有多少繁忙，最終其實都是我們去處理事情，而不是事情本身在處理我們。稍微喘口氣，放下我執的待辦事項，其實事情的進展總會出乎意料地，比庸庸碌碌的方式更為順遂些。

休息也是一種沈思，它看似沒有產值，在忙碌的時刻，好像總是種浪費時間的行為，但事實上，它卻是你我都垂手可得的精神食糧，或是稱之為最強補給的隱藏版祕密武器。

我們總是迫不及待地期望所有事情都能盡快給予我們實質的回饋，好讓我們及早完成一件又一件沒完沒了的事情，但我們卻都沒有發現，沈思的回饋其實可以為人生帶來更犀利的洞察力，讓事物重新連結起更多深刻細微的敏銳度。

我們的思緒正如同一池水，如果用力攪拌的話，自然會產生混濁，而所謂的沈思，並不是狹隘地透過打坐冥想的方式來進行，而是泛指讓自己抽離一個空間或人事物，去沈澱放空自己，讓身心靈得以好好休息。

事實上，每個人在人生旅途中，都要不時提撥些時間來沈澱自己，而不是一味地趕路，每當我思緒混亂或心神煩惱時，都會逼自己盡快讓手邊的事情告一個段落，盡快給自己獨處的時間，找個舒服的地方，靜靜地喝杯咖啡沈澱思緒。

還記得上一次全然放鬆在咖啡店點杯香醇的咖啡是什麼時候嗎？如果你有在咖啡店打工過的經驗，就會明白在練習用高壓蒸汽式咖啡機煮咖啡時，每次萃取咖啡原液的過程都是獨一無二的，即使手續都一樣，每杯咖啡卻還是有著些許的差異存在，原因可能在於豆子的烘培品質、磨豆粗細、濕度、壓蓋力道等等。

然而，不管這些手續的過程是否盡善完美，最後萃取出來的咖啡就是成品了，不會有任何改變，如果這杯咖啡喝起來過酸或太苦，我們唯一能做的就是倒掉重新再做過一杯。

我們的思緒就像這杯做失敗的咖啡一樣，當味道不對勁的時候，就應該要立刻把它倒掉，這樣我們才能為自己的心靈容器再次重新沖泡過一杯對味的「思緒」。如果你捨不得倒掉，那我們就始終停留在那杯過酸或太苦的思緒咖啡裡，滋味不會有任何改變，也如同你正在進行的事情一樣，不會有任何新的進展。

沈澱是為了去蕪存菁，就如同打掃一般重新整理思緒，每當自己越是糾結在當下，或是執著在過去，都不會帶給我們更好的未來。

有時先好好地睡上一覺，很神奇的是睡醒後，思緒都會比較清晰，看事情的角度也比較透澈些，其實睡眠也是一種沈思的體現，我將這種感覺稱之為「思緒記憶體不足」，當我們的生活被過度填滿時，就會無法發揮自己的潛能，這時候就需要釋放「思緒記憶體」的空間，才可以載入新的思維與視野。

時常向內傾聽自己的心聲，向外領略四周的環境，讓一切都回歸到原點，重新思考人生每個起點之於我們的意義，好好地放鬆自己，緩緩的呼吸一次，體會呼吸的真實，這是活著最純粹的感受，透過沈思可以重新憶起人生的初衷，這會讓我們走得更平易順遂些，也讓我們得以對生活重新建立起新的熱情與活力。

經常性自我反省

每天早上當我們醒來後睜開眼睛，其實都在應付生活上的每件事情，事情少而簡單，我們說是種享受，事情多而複雜我們說是種折磨。如果人生最重要的莫過於所謂的開門七件事：柴、米、油、鹽、醬、醋、茶，那我們可能還需要再追加一件才算完整，就是「反省」這件事。

如果希望自己的人生越來越精彩或是更效率，那無可必免地一定得經常反省自己才行，因為連神都不見得是完美的，又何況只是身為人類的我們，因此我們更應該時時反省自己過去的選擇與決定。

若不經常自我要求、反省，以你我普遍與生俱來的惰性來說，是不會有人想要主動修正自己的，而可預見的是在改變的過程中會很痛苦，再者我們都害怕去檢視自己的缺點，哪怕只是一點點細微的缺點，矛盾的我們也知道自己其實不完美，可是卻很少人能正視這個不完美。

在小學、中學時，作業考卷寫錯時，老師都會要求我們訂正，意思就是要我們記取這個錯誤以避免下次再犯，但是上了高中、大學、研究所之後，基本上老師、教授已經不會再刻意要求你訂正了，因為這已被視為理所當然的基本要求，更別說出社會工作後，上司、老闆更不可能一直花時間糾正你，只是我們的惰性往往出現在缺少叮嚀的絕大部分時間裡。

每一次的反省，都讓我們得以重新認識一個全新的自己，也得以了解一個真正的自己與內在，而那些已知的成功人士們，每天在做的事情其實就是反省自己，會這樣說是因為他們無時無刻都在做決定，但每個決定都是很艱難的，所以他們在任何時刻都得清楚知道，如何掌握自己的選擇權，同時他們也懂得時時回顧自己過去的每一個決定，才能一直做出正確且不後悔的決定。

真正的反省是發自內心的主動，而不是透過別人的要求才去進行，當別人要求你進行反省時，除了要反省事情本身的當下以外，你更應該問問自己，為什麼老是需要別人來督促自我反省而沒有養成這個習慣。如果是自己主動花時間沈澱檢視自己，你會真心反省這一切並珍惜這個機會與過程，因為這一點一滴的過程都是別人無法代替你進行的，是完全屬於你與內心互動的神聖時刻。

反省看似是一件非常浪費時間的事，但如果懂得反省的意義，會讓更多機會在日後重新找上你，這就好比休息是為了走更長遠的路，道理是相同的。有句話說的好：「從來都是人在處理事情，而不是事情在處理人。」如果能明白這句話的意思，應該就能稍稍體悟自省的意義。

唯有透過反省，我們才不會一直迷失在錯誤中，雖然人生的每一個決定往往不見得有「對錯之分」，但卻一定有實質的「意義之別」，只是這些感觸往往都在事過境遷後才能體會得出來。

反省的過程，雖然看似一種千絲萬縷的糾結，可是當你慢慢理出線頭，懂得怎麼在這個線球裡玩時，你將慢慢學會善待自己的每一個決定，並對這些決定負責，在回顧過去的彼岸上，你也將會明白過去的這些決定，是如何影響到你的未來。

最簡單的方式，就是從生活中的每個細節做起，時時回想你和身邊每個人所說過的話、答應的事情，甚至是跟自己承諾過的約定，反覆思量其中是否有可以再做修改的地方，讓自己的決定更臻圓融。

反省是種不斷發現自我的過程，是成長的必經之路，發現自我、發現內在、發現自我意識。減少困惑的最好辦法，不是減少問題，因為只要活著的一天，就會不斷有問題找上你，但如果你懂得經常反省自己的每一個決定，你將會活得更輕鬆些，之後也才會比較清楚知道人生的下個階段該往哪走。

紀律是最基本的痛苦

人生的過程裡總有階段性的計畫，但最重要的是如何克服心魔，嚴守紀律地執行這些計畫與目標的內容，通常能戰勝紀律的人，也一定能戰勝自己，因為在紀律這條路上，充滿了許多肉眼所看不見的荊棘，它們就像佛地魔將自己的靈魂撕裂為七個分靈體一樣，但不同於哈利波特故事中化為七種器皿或人物，而是分別幻化為懷疑、迷惘、無助、惰性、消極、苦悶、軟弱，等七種負面情緒，不斷地打擊並侵蝕著你的決心與毅力。

修行之人必經修羅之路，方可得道也，我們雖然不用戒疤來警惕自己戒除貪、嗔、癡、慢、疑這五毒之心，也不必剃度出家尋求心靈安定，以成悟道之念。但光是要服從嚴以律己的信念，就足以讓每個人都有打退堂鼓的念頭。

幼兒能快速學會站起來，除了基因與本能使然，也是每天不斷練習用雙手挺起上半身，支配雙腳蹬地最後才學會站起來。我親姪子是家中的第一個小孩，這是我跟他相處時，從他身上所觀察到的，自從他熟悉爬行之後，便躍躍欲試地想學站，每次看他一個勁使力，一邊發出呼嚕呼嚕的聲音想站起來，試了又試的結果，常是上半身使勁後，忘了配合下半身出力，學不會站的他，表達挫折的方式就是哭著用懊惱與憤怒的眼神看著我。

我當下被他這種眼神所感動，瞬間百感交集不斷襲上心頭，雖然在心裡早已對他呼喊過無數次加油，但最終我仍然沒有開口和他說任何話，只是默默注視著他的眼神，對他點點頭，他隨之不斷繼續重複這些動作的練習，這就樣沒多久後，他真的學會站起來了。

我想他長大後一定不會記得，曾經有過這麼一段陪伴他成長的伯姪互動時刻，在他長大懂事後，我想親自告訴他這段過程，以及在那個時刻的我是用怎樣的心情去看待他的成長，其實那時我想對他說的話是：「孩子，人生是場沒有盡頭的馬拉松，即使沿途沒有加油聲，也要有堅持下去的信念，這就是紀律的表現。」

譬如龜兔賽跑的寓言，是從小就耳熟能詳的啟示，故事裡烏龜牠慢歸慢，但還是看得出腳步的邁進，實質上還是看得出來有所付諸實行，可是在真實人生當中，有更多時候你的努力是不被看見的，這種解釋不來的付出，遠比看得見的努力更為深刻。

如同鴨子划水的執著，從不在乎旁人的眼光，只是從容地默默前進，旁人卻永遠看不出水面下做了多少努力，這究竟需要多少修為，才能這般不為所動地堅持下去。

所有的自我懷疑，都源自於這一路上所遇到的苦難，而紀律深植在每個成功與達成的條件裡，這也是為什麼凡事都沒有簡單的道理，因為遵守紀律有其難度，所以這一路上才會有所懷疑，而懷疑也讓困難有寄生扎根的欲望，如果我們到最後仍然無法展現宿主的強勢，那麼遲早有一天會被寄生所反噬，並就此甘於平凡或墮落。

每個堅守紀律的背影從來都是渺小的，只待完成後的轉身，那個身影的巨大才會真正凜然於世。紀律所帶來的痛苦，是種激勵我們前進的動力，而這種動力通常是源源不絕的，只看你懂不懂得去利用，成功的方式也許可以複製，或許也有一定的SOP可模仿或學習，但紀律的遵守規則卻從來只有一條，就是Rule only one「堅持到底」。

吃蘋果的哲學

大概是從高中時開始，藉由每期《PChome》電腦雜誌裡的 Step by Step，完整學會許多電腦組裝維修與軟體安裝等等的技巧，只是時間久了，不管我做再怎麼澈底的防毒，或是做電腦效能的最佳化調整，電腦總是免不了又出現許多問題，大致上分成當機跟中毒這兩種情況，問題也是可大可小，但處理起來就是整個浪費時間，況且 Windows 作業系統的安裝與設定過程真的相當冗長繁瑣。

而我開始接觸使用蘋果電腦，是在我大三接觸服裝設計的時候，是因為服裝電腦繪圖課的關係才開始接觸（因為課堂上都用蘋果電腦），在此之前我也和百分之九十五的人一樣是 Windows 的使用者，而且我對基礎的電腦維修與組裝，甚至軟體測試也有涉獵，正因為如此，常常親戚們的電腦有問題都會來找我求救，這點倒不是件多值得驕傲的事，反倒讓我感到非常的不甚其煩。

至今我已經換過三台蘋果電腦，桌機、筆電都用過，換的原因都只是因為硬體跟不上新系統與軟體的效能要求，但有個共通點就是，這三台 Mac 我一次都沒有重灌過，甚至連什麼系統重整都沒做過，但每天依然用得很順手。

有重灌過電腦的人都應該知道那是多麼浪費時間的事情，而我因為使用 Mac 而省下了許多時間，反而可以從事我要做的事。因此到後來，我開始很厭倦幫親友修 Windows 的電腦，因為老是同樣類似的問題一再重現，找我過去整個就是浪費我的時間，況且要我收費我也收不下去，最後我都直接請他們找電腦公司維修，因為我實在沒有空老是處理這些瑣碎問題，我的人生不是用來一直幫你們修電腦的，拜託。

最後我歸納出一個結論，花很多時間浪費在檢測電腦或維修根本是件很愚蠢的事情，對此我認為 Mac 在某種程度上實現了白色家電的便利性，就好比打開電視，接下來就是選台，不會有其他太多無謂的設定或是調整，只有停電或是訊號不良才會有異狀。想像一下，如果你打開電視正在觀賞精彩球賽或 HBO 影集時，電視常常突然來個藍色畫面，或是出現一堆看不懂的英文字串，你應該會瘋掉吧！這就是我要表達的意思。

我的第一台 Mac 是俗稱大白的 iMac Cube G4，整個就是一台很像傳統 CRT 電視的白色一體成型電腦，但即使學習 3C 產品很快上手的我也有所謂的適應期，並非一開始就完全順利地習慣 Mac 的 OS 系統與相關軟體。

初期我搭配著 Windows 筆電交互使用，需要畫圖時就用 Mac，需要一些文書處理時就用 Windows，也許你會問我為什麼把自己弄得這麼麻煩，因為當時微軟還沒推出完全支援 Mac 的 Office 文書軟體，但今天已經不同以往了，可以說是全面支援 Mac，而 Mac 自家的文書軟體 iWork 也可以完整轉檔為 Windows 的檔案格式，這些都是非常方便的變革，更不要說雲端系統 iCloud 結合同步 iPhone、iPad 的絕妙便利。

不過，在使用 Mac 上也有些限制存在，比如愛玩電腦遊戲的人，或許 Mac 就不太適合你了，因為支援 Mac 的遊戲其實不多，此外，Mac 也不若 Windows 周邊有許多外掛的小程式，但除了上述這兩點以外，其實大部份 Windows 有的功能，在 Mac 上也都有對應的軟體可以代替，而且現在的 Mac 已經可以整合雙系統在硬碟裡，透過模擬軟體實現在 Mac 電腦上執行 Windows 作業系統。

早期我原本對這重大的突破感到相當激賞，也曾用過一陣子雙系統，但最後我還是淘汰掉 Windows 作業系統，因為整個使用界面還是非常不人性，可能真的習慣 Mac 的簡單直覺界面吧！所以最後我還是完整回歸到單一 Mac O S 系統。

當然 Mac 也沒有讓我失望，O S 作業系統界面也越作越好，操作越來越方便，在每一次的作業系統改版，都伴隨著相當多的實質改善與革新，這點與 Windows 作業系統就是有很大的區別，Windows 大概從 X P 就停止成長了吧！改版改來改去卻是讓人一頭霧水，沒有越來越好只是越來越複雜而已，讓使用者必須疲於學習一些沒有意義的設定與適應新作業系統環境。

我記得自己一路從 Win 95、Win 98、Win 2000、Win XP、Win 7 到現在的 Win 8，

大概 Win XP 還是最穩定的版本，Windows 讓消費者很辛苦，每次推出改版作業系統，總會去分家庭版、專業版、企業版。

可是 Mac 每次改版作業系統，從來都是直接跳入下一個版本，沒有分等級，而且每次都有實質的軟體改善與躍進，更不用說華麗眩目的使用界面了，而且如果你有使用過 Mac 就會知道，Mac 作業系統的界面，跟後來推出的 iPhone iOS 界面其實是相當類似的，就連程式的按鈕 icon 都長得一樣，因此不論你在使用手機或是電腦時，那份直覺跟邏輯是類似的。

從觀察 Mac 與 Windows 使用者之間，可以得到一個很有意思的現象。普遍來說，使用 Mac 的人比較願意去改變，這裡所說的改變是廣泛的，可能是生活習慣或是人生規畫等等，接受新事物的範圍也比較廣，雖然這樣說有點偏頗，但我真的自豪地這樣認為。

既然我們現在的生活總離不開智慧型手機、平板及電腦，那為什麼我們不去主動追求用更有效率的使用工具來完成我的工作呢？我喜歡做事情聰明一點，就是所謂的工欲善其事，必先利其器的原因吧，而蘋果就是我的選擇！

那一年，我們一起失去的賈伯斯

生命裡每一個選擇，都拼湊了我們的人生藍圖，你就是這艘船的船長，有些人拼出來的是張平淡無奇的地圖，乏味又沒意義；而有些人卻是擘劃出精彩無比的大航海圖，充滿各種有趣驚奇的旅程。

二〇一一年十月五日，蘋果創辦人史蒂夫．賈伯斯過世，那陣子身邊所有人的話題都不免會提起這位當代傳奇人物的種種故事，以及他的創新為這個世界帶來美好的一切。但所有交談的過程中，總不免讓我納悶的是，這些高談賈伯斯卓越成就的親友們，他們可能根本沒有使用過蘋果相關產品，最多也可能只是用過 iPhone 罷了，卻講得好像自己多懂蘋果的成就。

進一步問他們既然覺得 iPhone 這麼好用，今後會考慮使用蘋果電腦嗎？得到的回答都是搖頭，接著我再問一個比較不切實際的問題，你以後會鼓勵你的子女接觸學習蘋果電腦嗎？還是得到不確定的搖頭作為答覆，這就好比麥可．傑克森過世了，你一直提到他的音樂有多麼受歡迎，但你卻連一首他的歌名都說不出來，或甚至一段旋律也哼唱不出來，難道不覺得這是很人云亦云的感覺嗎？

我並不是在幫蘋果打廣告，事實上我也沒有時間像個傳教士般，主動去建議身旁的人改用蘋果的相關產品，我只是有種體會，就是如果今天你有能力跟機會的同時，你願不願意嘗試新的做法或是新的體驗？或許藉由這種行為的嘗試，你的人生可以學到或接觸到更多不同領域的部分，在這邊只是剛好以 Mac 與 Windows 的使用選擇來做例子。

原則上我希望你兩者都會，我並非建議你只學習使用 Mac 就好，甚至我更希望你是從 Windows 開始使用，因為你會對硬體有更深的了解，之後轉換成使用 Mac 時，我相信你一定會覺得簡單到不行，至於這兩者的差別到底是什麼，如果真的要用一句話來形容的話，我只能告訴你，對我而言，使用 Mac 是在使用電腦，而不是在照顧電腦，剩下的就只能自己去體會了。

賈伯斯有句格言：「求知若渴，虛心若愚」（Stay Hungry, Stay Foolish），這句話如同蘋果的設計一樣，力求簡潔卻意涵深遠。但我認為很少人能做到這句話的意義，因為人們多數害怕改變，也害怕承認自己其實還有很多事情需要學習，老是活在舊的思維裡卻不自知，在這個成功已經很容易被輕易複製的世代，如果我們不能時時處於積極學習的態度，不是很快被淘汰就是被追上，當然你也可以選擇不去與人競爭，過著自己認為的小確幸生活，但請確定你已經達到財務自由的身分，不然你沒有權利停止學習。

工作與人生的取捨

人生有三分之一的時間在成長，又有三分之一的時間在睡覺，最後的三分之一則是在工作中度過餘生。由於全球經濟與國家政策的問題，以至於退休年齡不斷地修正延後，以往我們所羨慕的愜意退休生活，如今對大部份的人來說，都可能會成為最遙不可及的夢想之一，在將來的日子裡，退而不休將會成為一種常態性的生存法則。

由此可見，工作將會在人生中占據更大的比例，而我們工作最根本的目的在於維持與改善生活，剩下的其實真的不太重要，很少人會認真以國家興亡為己任，甚至把繼起宇宙之和平為人生目標，當然以上這些都誇張了，最重要的只是過日子混口飯吃罷了。

既然我們都開始認知到，工作將會比以往占據我們人生裡更多的時間，那麼就應該及早開始習慣去平衡工作與人生這兩者的需求。但有時候，你又覺得人生好像總是沒有太多選擇，一切好像都已經註定似的，導致自己進退兩難又毫無頭緒。

給個良心的建議，那就是先選擇吃點虧吧！吃點虧後，你會意外發現人生其實還是可以有很多種選擇，這其實都視乎你是否願意在這些選擇中做取捨而已。

如果你的工作跟夢想有些關聯，或許還可以工作得愉快一點，因為你多少還是接觸了它，不管在工作中是否真能達成某種程度的夢想實踐，但至少都離所謂的人生意義又再近了點。

反觀，即使你的工作無法與夢想有任何關聯或交集，也不打緊，試著調整現在的人生，找出那些選擇性遺忘的第二選擇，透過取捨，調整出適合自己的平衡人生，這也是一種方式。

其實有太多時候，讓我們覺得卡在工作與人生這兩者之間的原因就在於，我們都困在自己所定義及幻想的完美人生裡，什麼都想要最好的、做最棒的、擁有最多的，這些欲望讓我們分不清現實與實際的那條底線在哪，結果拼了命去追，最後卻邊跑邊掉，等到達終點時，才發現我們並沒有得到比較多，反而失去更多。

我相信大多數的人都不太滿意現在的工作或是人生，甚至是感情，但卻又礙於一種所謂沒魚蝦也好的心態，給自己一個作為逃避現實的藉口。

以工作來舉例，如果你能退而求其次，找一份比以前薪資少一點，但是相對讓你快樂一點的工作，這何嘗不是人生的一種選擇，吃點虧少拿一點，卻擁有比以前更多與家人相處的時間，更純粹的生活品質，以及最重要的健康身體，這樣看起來，其實一點損失也沒有，你只是把以前多的部分薪資拿去填補現在的人生缺角，這樣做不是讓人生更趨圓滿了嗎？

我看過很多朋友，美其名說是為了事業打拼而妥協生活，偶爾見面聊聊近況，總是看到對方憔悴沒有生氣的表情，以及很多嘆氣的語調，每當深入聊到夢想、人生、現實、妥協、理想，個個都呈現出一副時不與我的無奈表情。

最終，我們都會花很多時間在工作上，以至於常常忽略掉其它事情，比如關心我們的家人、始終默默支持著我們健康的身體，甚至是兒時的夢想。

我們也希望生活可以簡單點容易些，但卻沒想到簡單的背後卻是複雜。在追逐成就的同時，工作通常只是一種手段，但工作卻不是人生的全部，除非結合了你所熱愛的事情，讓你沒有感覺自己是在工作，否則你需要調整一下自己的心態，或是換一份你真的想投入的工作來平衡一下這漫長的人生。

預約制，不讓別人輕易綁架你的生命

又結束了整晚的狂歡，你可曾深深覺得自己的生活表面上看起來很精彩，卻又好像只是被一個又一個的行程牽著鼻子走，而你只是拿著劇本配合演出每個角色的木偶。

珍惜時間的重要性，從一個人與時間的相處模式就能略知一二，從大學開始我就給自己奉行一套「預約制」準則，就是打工、學業額外的時間若要約我的話，最好都提早幾天就跟我先預約。這話聽起來或許有點自以為是，也的確多數朋友一開始聽到我這種說法，幾乎都認為我憑什麼耍大牌，但他們後來也都漸漸能理解並認同我的想法。

會這麼做是有其原因的，因為我很討厭臨時被約的感覺，好比工作了一整天回到家，吃完晚餐後只想躺在沙發上轉著電視遙控器或隨意上網、看書、聽音樂，沈澱今天的疲勞與放空自己，但這時你打電話給我約唱歌，你覺得我會接受還是拒絕？你百分之百會被我拒絕。

因為我已經做好休息的準備了，而你突如其來的邀約只是打擾到我的休息時間，這很明顯不是個很好的邀約時機不是嗎？如果有事先約好的話我就一定會準時赴約，而且不只「人」到「心」也到，像這種很臨時的邀約，表面上好像是在乎或想到對方的行為，但實際上卻多半會讓對方很困擾。

出社會後，工作壓力與很多瑣碎的事情總壓得我們喘不過氣，原則上白天已經被工作綁得死死了，下班回家後如果沒有約會，我們都應該給自己一個放空的私人時間才對。

我承認自己有時也會任性地臨時邀約朋友或是接受朋友的臨時邀約，但有個大前提是我必須很熟悉這位朋友的生活作息與習慣，如此一來我的邀約也會盡量避開打擾他的時段。其實邀約本質上都是好事，但如果能進一步做到讓對方即使婉轉拒絕你也不會有壓力，才是真正為對方著想的做法。

時間孕育流行、引領流行，更是復古的最佳泉源，卡爾．拉格斐曾在他的法國紀錄片電影《時尚大帝》（Lagerfeld Confidential）裡頭說過：「不要跟我約六個月以後的事情，因為我怕我那時已經不在人世了。」這句話聽起來或許有點玩味跟幽默，不過以他的年紀確實是需要這個樣子，同時也在在證明他有多麼在乎時間與效率。

雖然我們還年輕，人生也還長得很，好像還不需要像卡爾這般嚴苛地與時間相處，但他身兼 Chanel、Fendi、Karl Lagerfeld 三個品牌的設計總監，擁有自己的 Lagerfeld Gallery 藝廊並舉辦攝影展，同時出書也執掌時裝攝影與廣告，這樣精彩的人生或許就是懂得安排時間的成果吧。

時間無聲無息也無色無味，但永遠是人生中最不可或缺的一味，不論你想追求的是人生的財富成就或是健康快樂，時間永遠都是最好的基酒，可以幫助你調合出最適合你的人生雞尾酒，少了這一味的人，人生走味的可能性就相當大。

其實整個預約制的真正目的還是圍繞著一個極為根本的主題，就是時間運用的效率。每個人都有自己的人生規畫，常說時間就是金錢，但我認為以金錢作為時間的等號，會給人有種貪婪的感覺，好像珍惜時間是為了死要錢似的，所以我認為時間就是生命，你浪費別人的時間，就是浪費別人的生命。反觀，如果你尊重別人的時間，即使你沒有對這個人付出些什麼實質的事物，最起碼你也尊重了這個人的生命。

人生有時候等待也是種美好，但常常等待也不見得是件好事，雖然繁忙的現代社會已經開始反思在快與慢的生活步調中，究竟要如何從中作取捨與平衡，於是有了慢活的新形態標準，但我相信在絕大多數的時間裡還是需要效率的存在，只是我們總是選擇性地忽略零碎時間的價值，卻又在另一頭無限放大時間運用的苛刻之處，抓小放大的心態永遠讓我們看不清楚問題真正的源頭其實就是自己。

哪來的幸運？只是開始行動罷了

其實真的沒有所謂的幸運，反而越努力越積極的人才會越幸運，因為這一切在你開始執行之後，事情會起不可思議的化學變化，結局好壞或許還不得而知，但這個過程裡所產生的人際鏈會產生發酵，然後醇熟出一種你不曾體會過的馥郁芬芳。

在寫這本書的期間，我參加了英國文化協會（British Council）二〇一三年的徵文活動，會參加這個活動的原因，除了因為我是英國校友之外，其實也因為我在撰寫的這本書裡有提到一些英國留學的心得，所以我想如果最後我中途放棄撰寫這本書，又或者最後沒有出版社願意幫我出這本書，那至少還有個機會藉由別的單位，發表自己的一些文字內容，這未嘗也不是個好方法，因為目的都是為了分享經驗給想去英國唸書的朋友而已。

我知道這有點衝突，因為我必須拿此刻的原稿去投稿，雖然徵選方式是不限篇數，可是我一次幾乎把十二個章節寄去投稿，總字數大約一萬二千多字。那時的心情其實是志在參加不在入選，只是想藉由這個活動，測試一下自己的能耐，看看自己寫的這些文字究竟是否有些商業價值或是值得被閱讀分享的成分存在，因為在正式與出版社聯繫以前，沒有人看過我正在寫的這些原稿。

最後，我獲得了徵選錄取，但這同時也讓我必須面對一個需要談判的問題，因為英國文化協會寄來一封作者出版權同意書要我簽名寄回，這讓我有點苦惱，因為他們要求獲選文章將無條件供他們出版使用，但我完全不知道他們對我寄出的一萬二千多字，到底實質上用了多少，這方面他們一時也無法告知我，只說截取了部分而已。

於是我回信給他們說，我認為英國文化協會是個彈性且開放的單位，由於我投稿的文字是從我正在撰寫的書籍內容中截取，會參加這個活動是想以英國校友的身分，分享一些自己留學英國的點滴，但相對地我希望還是能保有投稿文章的著作權及出版權，因為日後我若真的完成此書的撰寫而出版，由於內容本來就有提及英國教育的部分，我想這也不失為一種間接推廣英國教育的方式，所以希望英國文化協會能在這個環節上為我開個先例，讓我保留以上兩種權利。

想不到英國文化協會隔天就回信給我，同意我上述的要求，這點真的讓我很意外也很興奮，心想之前看的《華頓商學院最受歡迎的談判課》這本書，真的非常有用，果然該善用「標準」與「不一樣的思維」來為自己爭取更多。

或許現在說這些有點馬後炮，但我其實一開始就認為我很有機會能被徵選到，一方面我自認自己寫得不差以外，這也是個只有英國校友身分才能參加的高門檻徵選，以台灣來說，英國校友本來就很少了，再加上有時間去參加投稿的人應該又更少，於是我更篤定自己應該十分有機會，此外我寫的內容是設計學院相關的，又再次切割出差異性並提高競爭性，因為其他在設計領域上有名的人應該不會有時間來參加投稿，至少我自己是這樣想的。

這個結果雖然是個插曲，卻讓我對正在撰寫的這本書產生莫大的激勵作用，這就是所謂的一步一腳印吧！藉由小的成功與鼓舞逐漸轉變成大的成功，雖然我寫到這，還是不確定將來這本書是否真能出版上市，即使故事快用完了，也常常有撞牆的感覺，但我還是決定堅持到底地寫下去，因為我相信自己最後會成功的原因，可能不在於我的文筆有多厲害或是書中敘述的人生有多驚豔，我相信會有很大的原因是在於，很少人能像我一樣堅持到底去完成一件事。

積極的人，會不斷發現機會與方法；消極的人，會不斷流失機會與錯過命運的安排。從現在開始請停止抱怨與憤世嫉俗，沒有人應該要主動幫助你，而是你必須先拉自己一把，快找出紙筆寫下你的行動步驟，然後馬上去實踐！天助自助者，放心吧！老天也會幫你一把的，只要你開始行動就對了。

人生每個階段隨時保持計劃

人生的流程看似簡單，大致就是出生、唸書、工作、退休這四個階段，可是單就這個流程來看的話，似乎也太小看上帝創造生命所賦予的意義了，然而人們又常被鼓吹人生苦短要即時行樂，我想人生之所以有限，目的是在提醒我們需要把握每一個當下。

試想如果每個人都可以活上千百年，還有誰願意積極地過生活呢？肯定有許多人會像塊爛泥似地在地上打滾吧！而上帝果然是先知先覺，早早把人類的惰性也一併算了進去，正因為這樣，所以我覺得在有限的人生當中，一定要不斷有計畫來充實自己，不管是出國唸書或工作，一趟壯遊（Grand Tour），甚至是自行創業，又或是像我這樣決定寫本書，都是計畫的一種。

在這裡我所指的計畫，是比較具體且稍具執行難度的那種，因為如果目標訂得太簡單的話，也會導致自己提不起勁去挑戰吧！換句話說你自己都會覺得沒有執行的意義，那訂了計畫又有何用。就像我決定寫這本書，除了寫書本身就是一種挑戰外，對我來說其實更賦予了另一層意義，這代表一種紀錄自己人生的方式，也檢視即將邁入三十歲的自己，心中那種果敢的執行力還在不在，還是不是能保有當初學生時代，從電機跨領域學習服裝設計的那種決心與熱情。

我將寫書的過程視為人生三分之一階段分水嶺的一種回顧，在作自我檢測，跟自己對話，跟自己叫囂，看看自己在準備邁入人生三分之二階段時，是否還能喚醒更多能量繼續為下一個三十年精彩地活下去。

還記得自己十八歲成年的那一刻嗎？夢寐以求的成年許可證，一張正式探索世界的通行證，在拿到之前，我們朝思暮想了多少年，總是遙想著未來要做好多好多事情，而在拿到的當下，我們都迫不及待地想好好利用它，去看看這個世界，去體會這個生命的真正奧妙之處，但可惜的是幾年後，多數人全數選擇性遺忘了這張許可證的存在，甚至根本不記得自己曾經擁有過它。

只有在逢年過節或在重要的日子裡，我們才會下意識地給自己訂立新的期望與目標，但你我卻也都心知肚明，最後真正落實的部分其實非常有限，有時雖然覺得給自己的人生訂新計畫很痛苦，但其實換個角度想想，身心勞累的苦，只要好好睡上一覺就能恢復，可是人生沒有目標的苦，卻會像失眠一樣無聲無息地不斷折磨著自己直到天明，即使最後因為身體累了而睡著，但醒來後還是會發現這個苦依然是如影隨行地持續消耗並透支著你的未來。

當你發現自己有想做的事情以後，會有三件事情立刻伴隨而來，首先就是你會開始覺得時間根本不夠用，第二你會開始意識到自己沒有想像中那麼聰明，因為此刻你正在感受計畫趕不上變化的這層定律，最後也會因為專注在其中而開始感到寂寞，通常最後一點是最痛苦的。

但上述的三件事都是好現象，因為在計畫開始的同時，你的世界與外界連結的方式也開始有了轉變，這代表著你正在不一樣，你的視野被開啟，看事情的觀點也開始犀利，你會不厭其煩地重新看待時間的利用方式，重新審視時間之於人生的價值與意義為何。

而人生唯有持續保持新的計畫與目標，視野才會不斷被打開，看事情的觀點也才會越來越廣，而計畫目的本身並不是一定要你去做些能力以外的事，它可能是一個存在已久的念頭，或是想做卻一直沒有做的事情。

如果完成了一個計畫，通常這個計畫會引領你去擁抱更多新的計畫，因為人們都樂見自己的潛能被無限制地開發出來，只要試著踏出第一步，就會啟動人生的一連串連鎖效應，到時可能精彩到你想擋都擋不住。

如何延長熱情續航力

所謂的熱情，不是一種能用時間衡量的狀態，而是種心境上的渴望與喜愛的程度。工時長也不代表這是熱情所在，而是你對於某個領域的熱愛與投入程度，使你在這項專業領域上不妥協、不讓步，這就是所謂的熱情。

但堅持熱情與理想的過程，就像你的智慧型手機一樣很容易沒電，所以你需要找到適合自己的大容量行動電源，適時來為你的熱情做補給，而所謂的補給其實就是適度的休息，與當下的享樂犒賞。

電腦持續不休息地運作都會因為過熱而當機，人腦也是如此，熱情續航力能有多久就視乎你是否給自己足夠的休息時間，這樣才能延長使用效率。

在休息放空後，會意外發現思路更加清晰了，即使再怎麼忙得不可開交，你依然可以從容地撥出片刻時間，去做些與你正在進行所不相關的事情來轉移現階段的壓力情境，這將有助於延長你的熱情續航力與專注度。

所謂的堅持到底，不是要你從不休息地做到死、操到掛，就像我們餓了自然會想找吃東西，這除了維持身體機能運行以外，也會從飽足感當中衍生出滿足感。

每當我忙到焦頭爛額，工作又沒有什麼進展的時候，我總會先放下手邊的工作，散步去7－11買杯咖啡、隨意翻著雜誌，或是坐在吧台椅上看著窗外的行人，什麼也不去想地放空片刻，即使是十分鐘、二十分鐘都好，這目的是為了轉換心境。

因為我知道此刻自己的思緒已經打結了，但這不表示這短暫的休息，思緒的結就會自動解開，只是會變得稍微鬆一點，讓我休息完回到崗位時會比較容易再把它解開而已。

我們有時都會陷入一種錯覺，認為如果當下沒有把事情一股腦地做到底、做到有個結果，就先跑去休息的話，等會回到崗位時，靈感或動力就消失了，其實這是個錯誤的想法。

休息本身就是一種很基本的身心需求，如果我們選擇忽視這個需求，將會帶來嚴重的挫折感與焦躁感，這樣其實對我們正在進行的事務是一點幫助也沒有的，反而會衍生出更多無謂的壓力因子。

堅持熱情與理想之餘也別忘了正視生理與心理的負荷與需求，並適時透過休息補給新視野與創意，這是延續熱情的根本方法。過去我也常忙到精疲力盡才肯放過自己去休息，但如今我已開始學習放慢腳步，給自己更多喘息空間，藉由休息給自己增加更多能量，而不致於搞得自己最後對一切都失去熱情與耐性。

在未來的日子裡，我們都將面對更嚴峻的挑戰與壓力，想要有效率地處理壓力與面對問題，唯有延續熱情我們才有能量去處理接踵而來的新挑戰。學會拿捏每個片刻的休息與緩衝，不僅能有助於改變當下的情境，也往往會為我們注入一股全新的活力，使我們變得更有生產力與創造力，也更有熱情去繼續完成我們所想望的事物。

Chapter 4

Philosophy

人生觀念

人生就像有固定車廂的列車不斷向前走，
每一站都可以有人上車，
但相對也總是要有人下車，
當然VIP的位置
可能永遠留給最珍貴的人事物，
但絕對沒有辦法把所有的一切都留下來。

定義自己的價值所在

七年級的我們處在一個資訊爆炸的年代裡，是一群從小生活條件都相對富足的族群，沒有經歷過物資生活相對匱乏的過程，不像戰後嬰兒潮的父母那樣，經歷過一切都需要重建的黎明期，而是出生在日昇頭頂的煦日期。所以我們這個世代的年輕人，絕大多數都不曉得自己的人生究竟要的是什麼，而不知道的最大理由是，我們從小就缺少匱乏感。

所謂含著金湯匙出生，一出生就擁有非常多資源，這種情況好像是屬於我們這個世代的一種黑死病，不會馬上致命卻也沒特效藥醫，要命的是感染的途徑與速度遠遠超乎想像，因為社會不斷在進步，而進步的附屬品是文明，可是文明也像是一種麻藥，讓我們沈溺在安逸舒服的好感中，漸漸失去自我學習的本能。

人是群居動物，無法長時間離群居所，但在與他人相處之餘，我們一輩子花最多的時間，其實是在跟自己相處，可是了解自己從來都是件很困難的事情，人一輩子都在了解自己，因為我們不斷在改變，不論是年紀或是外貌，所以只能追著改變去了解自己，這也是人類文明為什麼會不斷進步的原因，因為我們一直在改變。

其實不管將來你打算賺多少錢，要不要結婚生子，要不要買房子，一旦三十歲過後，便是人生觀的對決，由不得你想不想下場，都會有張免費的門票架著你走上這個擂台，只能盡早做任何可以做的準備，並且不要妄想有公平這種規則，那只會模糊你眼前應該做的努力。

最普遍的檢驗方式中，很多人喜歡以一個人的學歷、社會地位及收入多寡來定義自己的價值，說得更直接一點，就是你現在所處的位置，但我認為拿掉工作頭銜，再拿掉吃喝玩樂的本事，剩下的才是真正的自己。

任何事物都需要過程來演進，如果你希望擁有比別人多一點機會與運氣，你就必須越早定義自己的價值，只是每個人所需要摸索的時間長短不一，這可能需要點天分和環境來加速這個過程的轉變。

其實上帝給每個人的機會都差不多，當然有人混得好也有人混得差，這並不是絕對，這無法全歸咎於運氣或是機會，因為這些也多半是自己選的，那些相對有成就的人們，只是在對的時間做對的決定並承擔合理的風險，加上運氣好了點。

也許現在你還無法感受到，但當你四十歲時，環顧一下周遭，回頭看看當年國小第一名、國中第一名、高中第一名、大學名校的，甚至海外留學的同學。你會得到一個驚人的答案，這些當年霸占成績排行榜的精英分子，很多都下來了，有的甚至不知道去哪裡了。

因為這個世界很大，我們從家庭走入校園，由校園走入職場，再由職場走入社會，我們不斷進入一個比之前大上百倍千倍萬倍的環境，才漸漸明白，我們不會是永遠的第一名，也不需要一直追求第一名，因為我們更要在乎的是，追求的過程與真正自己想要的事物為何。

人生旅途裡，你可以選擇一條比較好走的路線，然後你會走得比較平安順遂，安全的道路上不用看紅綠燈也能通行無阻，但沿途的風景也跟多數人看過的一樣，了無新意。每個人都想過得簡單，但卻從沒想過「簡單」也有所謂的副作用，而簡單的副作用就是「複雜」，這是短時間內不會看到的，它會像暴風雨前的寧靜般，蠱惑著每個無知的心靈，但隨後而至的是一種巨大的失落與不平衡。

如何讓自己不斷地自我學習，是一輩子的課題，唯有在學習中，我們才有機會嘗試著定義自己。那到底該如何定義自己的價值呢？首先，我們要停止重複一個錯誤，就是不該只在每個階段畢業後才開始思考人生的意義為何，每個階段的人生裡，本來就有既定的使命與目標，而我們應該做的是，時時思考這些問題，然後適時做出改變，就這是定義自我價值的唯一方法。

把家當作公司來經營

百分之八十以上的人，或多或少都期待有一天能夠開創屬於自己的事業，從此就不需要再看老闆的臉色過活，可以過自己完全掌控的美妙人生，但創業真的有這麼容易嗎？又有這麼困難嗎？其實我們都沒有想過一件事，就是可以把「家」當作「企業」來經營，這也是某種程度的創業，不是嗎？

沒錯，其實你我都已經有一家現成的公司了，只是很少人會有這種想法的投射，把家當作公司來經營，而你也是這個家的員工之一，也由於家庭成員普遍是少的，員工人數自然也少，所以大家都身兼數職並位居高位，可能只會有董事長、總經理、執行長、策略長、財務長、法務長、業務行銷長等等的職銜，選一個適合你的職銜就任，你就會發現其實需要學習的事情還很多，對於自己一味想要創業的念頭，往往只是一種不切實際的幻想與逃避實質成長的藉口。

在家庭中身負要職的成員們，如果能為提升全家人的生活品質與投資理財效益盡一分力，那所產生改變的力量將會是很強大的，就如同「兄弟同心，其利斷金」這句話的意思一樣。

或許你會認為這樣很辛苦，因為也許成員裡只有你會這樣想，但其他家人不會，最後搞到自己落得能者多勞的窘境。但請想想看，如果你連家人都無法領導與合作，你要怎麼跟外面的人合作，你覺得和外人合作，就不會有權益跟利益上的衝突嗎？答案是更多。

一間稍俱規模的公司都會有所謂的稽核單位，而你就是要當這個稽核人員，去稽核家裡有哪些地方需要改善，並持續追蹤後續的改善成果，這樣一個家才會興旺，唯有把一個家當作企業來運作，大家不分你我、一起集思廣義為這個家付出，才能創造永續的共贏。

如果你能認真看待一個家的運作與經營，這會是種極佳的創業儲備訓練方式，小到如何分配家人做家事或是大到決定居家整修，從這些事情中都可以學到很多領導溝通的技巧，只是很多人從不把這當作是一回事，甚至不認為自己也必須為家裡出一分力。

試想，今天你在家裡都不會把房間整理乾淨了，真的很難想像你去公司上班時，你的座位會是怎樣情況的糟亂，但如果你在家就有良好習慣，我相信走出去到任何場合，你也都會有這種好習慣，可是我們往往就是無法真正落實這些基本的事情，所以就更別談創業了。

此外，很多時候不要去跟外人必較，請跟自己比就好了，如果你能持續去做一些這個家族先前都沒有人做到過的事情，那你成長的機會就比別人高出許多了，因為你願意學習不同的事物，不再以舊思維與眼光看待人生，那麼「意義」很快就會賦予你新的選擇與機會。

其實影響我們最多的，往往是家人與一個家族所留下來的思維與傳統，因為他們是我們人生中最親密的一群人，當我們想做任何新的事情時，總會去聯想做這件事會不會很奇怪，親朋好友們又會用怎樣的眼光跟想法來看待我們，而在旁人的影響之下往往裹足不前，最後還是落得平凡與無奈。

但矛盾的我們卻又十分清楚，其實不乖地做著我們認為對的事情，即使與最親密的人產生想法觀念上的對立，以長遠的時間來看，其實一點也不會影響人生的全部，可是我們依然會猶豫與在乎別人對我們的想法。

把一個家當作公司來經營，這個觀念是從我爸身上學到的，因為他那一輩自幼家裡很貧窮，窮到過年買不起豬肉，奶奶過年買醬油還被爺爺說奢侈，並氣到把醬油摔破在地上，告誡大家要節儉，這樣的節省是為了凝聚全家人的向心力，就是要努力賺錢來改善生活而不是為了致富享受而賺錢，這是窮苦過才能體會的核心價值，而不是刻意追逐金錢的扭曲價值觀。

當你想完成的事情，是延續這個家族帶給你的驕傲，你就會快速成長茁壯，學著參與扛下家中的決策與責任，不要妄自認為這是長輩的事情晚輩管不著，也不要有兄長姐弟的輩分之分，因為父母有一天會老去，甚至會比你我想像的都還來得快，在這之前假若你總是抱著到時再說的心態，那你終究還是個長不大的孩子而已，因為能經營好一個家就代表你有能耐經營好一間公司。

衝撞體制

如果牛頓當初不是因為執著於反思為何蘋果會往地下掉而不是往天上飛，或許萬有引力的定義會慢上幾個世紀出現也說不定。研究所時很喜歡做「BRAIN STORMING」，意思是大家聚在一起做腦力激盪的發想與討論，這是個很有趣的方式，因為你可以在很短的時間裡藉由別人的觀點，來補足你自身想法的不足。

我大學時在台灣念私立科技大學，研究所時才到英國去，但我發現英國教授與老師們接受新想法的欲望，有時往往比學生還強烈，他們不怕你提出新的事物與觀點，即使天馬行空，他們也願意從這個概念裡協助引導你走往商業價值，相反的，如果你提出既有概念，他們會認為這是種偷懶不認真的學習態度。

西方社會認為他們付錢給學校是希望能學到知識，而不是純粹去受教育，可是我們亞洲社會的思維卻是先執著於尊師重道的基本，再談教學內容的好壞，當然尊敬師長是每個族群社會都值得推崇的禮節，可是這卻不能作為掩蓋教學無用的托詞。

身為長子的我，從小在家中就經常挑戰父親的想法，老實說，父親已經是我身邊認識的父執輩當中，想法算是相當民主及前衛的了，但我依然可以挑出他很多舊思維的窠臼，父子倆也常為了某些事情的觀點辯論到臉紅脖子粗，甚至是無語沈默離席。可是即便如此，逮到機會我還是會繼續跟父親持續辯論，因為唯有持續激烈的溝通，才有機會給彼此的人生帶來成長及雙贏的可能。

這並非鼓勵大家做一個沒事老愛頂撞長輩的人，只是時代不斷在改變，許多長輩的舊觀點也需要與時俱進才行，如果我們老是照本宣科地接受長輩所給的建議，哪天當這個潛藏缺陷的建議出現 Bug 時，我們就很有可能會來不及因應，我認為這是很危險的一件事，難不成你到時候還要找長輩興師問罪當初為何下這種指導棋？不可能的吧！所以大膽的假設與合理的懷疑，應該是沒有所謂尊前卑後的理由才是，不過請記得不要在公開場合進行，因為人都是要面子的。

技術與創意雖然多半是相輔相成的，但我認為更多時候是先由創意延伸出技術的可能性，就好比來萊特兄弟是因為想讓人類能飛上天而發明了飛機，而不是先發明了飛機才想到此舉可以讓人類翱翔在天際。需求與欲望的滿足，才是成就思考躍進的動力，所以需要不斷檢討現有體制的缺失，因為我們只能片刻接近完美，卻絕對不會永遠擁有完美。

近年來，世界知名企業的年輕執行長多得不勝枚舉，這個年齡下降的數據實際證明了衝撞體制的興起，更帶來了破壞性創新的種種成功案例，原因不外乎是這群優秀的人們想得跟別人不一樣，他們願意冒險打破既有規則，創造新的可能，因為他們都明白，跟隨市場規則的人永遠只會是辛苦的 Follower，相反的，創造新規則的人才是聰明的 Leader。

有人曾說：「做一件對的事情，一開始往往是痛苦的，但漸漸地你會發現，身邊的一件件事情也都慢慢跟著對了。」這意謂著改變是多麼重要的一件事，每個時代中，對的事情與好的定義都不盡相同，所以才需要不斷地同中求異，異中求新。

在東方曾有司馬光說：「打破，才能得生機。」而在西方曾有亞歷山大說：「成大事者，決不被陳規舊習所束縛。」即便千年來東西方文化截然不同，但卻不約而同地明白相同的道理。

但最終，我們都還是輸給了猶太人，因為猶太裔是這個世界上最富有的民族，有人說：「三個猶太人聚在一起，就可以決定世界的命運。」而全世界最有錢的企業家中，竟然有一半是猶太血統。

此外，猶太人一生中必讀的《塔木德》一書，是集結他們過去二千多位學者在一千多年來彙整各種領域的智慧結晶，猶太人藉由閱讀《塔木德》以及與拉比（有智慧的長者）請益討教，而拉比也鼓勵年輕人獨立思考推翻拉比的舊思維，過去猶太人沒有國家，只能在每段歷史的夾縫中顛沛流離，這些困苦的日子，使得他們更懂得積極地學習別人的思維來成就自己新局面，這也正是衝撞體制的最佳代言人。

人脈迷思

常聽到長輩或上司在談天時提到，人生在四十歲以後要靠人脈過活，所以在年輕打拼努力之餘，也要不斷累積自己的人脈資源，可是我一直以來都認為這句話交代得不是很清楚，也有其瑕疵所在。

這句話導致多數的人好像總以為現在多認識些人，當未來的某年某月某日有所求時，可以回頭再從人脈裡找出適當的幫手，但以我觀察的結果卻不是如此，因為每個人一生平均都會認識超過一千人以上，這包含了每個求學及工作階段裡所認識的人，不管是一面之緣的人或是有真實交情，甚至是一段時間裡密集來往的人，這一路上如果都以人脈的角度來計算，那你要怎麼分配時間去維繫人脈呢？我覺得四十歲以後要靠人脈過活，這句話的第一個瑕疵在於，如果這些人脈的力量你最後都沒用到，那有人脈等同於沒有，當然你也不能拿「書到用時方恨少」來做反駁，好像即使沒魚蝦也好似的，逢人就花時間在其身上培養你自以為是的人脈資源。

第二個沒說的祕密是，你需要花多少時間來經營這些人脈？每個人一天都只有二十四小時，就算要經營人脈也應該要慎選才對，而不是亂槍打鳥或是當個花蝴蝶，這個、那個各沾一下，如果沒有混得很熟，試問真的有需要幫忙時，別人為什麼一定要幫你，有什麼好處嗎？

況且這個現實的社會中，有很多事情都是互相的，甚至說極端一點就是對價關係，因此相對地你又能提供什麼好價值給你的人脈資源呢？當別人要你伸出手來幫忙時，你可以給對方什麼？這是相互供需的問題，總不會每次都是你單方面裝可愛撒嬌或拍馬屁搞悲情牌來作請求吧！別傻了，不是每個人都會想理你的，真的理你一次兩次也不會有第三次，除非你是詐騙集團，對方才有機會一直被你唬的一愣一愣。

正如同前面章節所提到的，我FB不超過一百人，在這裡意思也是一樣的，現今人脈的聯繫方式，已經因為通訊模式的改變，而不再侷限於傳統電話、信件上了，而是透過網路的各種聯繫媒介來做溝通，所以在某種程度上，我們所使用的社群媒體也已經開始重疊到我們的人脈資源，進而做到全面同步的可能，當然基於保護個人隱私的問題，社交圈與人脈資源還是會做一個適當的區隔，因為我們在建立人脈的同時，也會潛意識地小心保護我們的個人隱私。

我相信做過業務性質工作的人都會明白，不管你今天從事的行業類別為何，一定會在分配各種等級客戶的比例上精準地花心思，因為如此一來才能確保自己能達成公司要求的業績標準，來換取你個人的業績獎金，而不至於到頭來白費工夫又浪費時間。

而經營人脈也是一樣的道理，只是經營人脈有別於業務工作，很難在短期內就收到適當的回饋績效獎金，必須等好一段時間才可能有回報，但也有可能永遠都不會有回報，不像實際的業務工作行為，只要這個月有做到業績，下個月薪資單上就會看到相對實質的報酬。

當然也不能因為看不到即時的回報就什麼都不做而放棄了，我們還是要盡可能地在人生中努力去經營一些潛在有用的人脈，至少在需要的時候，手上還能有幾張牌可以選，雖然不一定都是好牌，但一牌在手總是有可能希望無窮的不是嗎？

只是我們再怎麼樣也只有一雙手，就好比只准用手捧沙子，你會選擇兩手合起來捧，還是選擇左右手各自捏一把起來？我想這不用我說答案也是呼之欲出吧！意思是要你挑對方法做事，而不是胡亂地隨手一把抓起，這樣成效是有限的。

每隔一段時間人脈資源就需要重新整理，並依據每個時期的需求去做必要的篩選與定期的汰舊換新，如此一來才能保持這張人脈資源的有效性與持續性。換個角度來看，經營人脈也是種潛在理財方式，如果經營的巧，某種程度上會帶來的效益，可能遠超過你一輩子辛苦工作的收入，不信？去看看那些大老闆的年收入就知道這是怎麼回事了。

在拍別人馬屁之前，先學會拍自己馬屁

相傳古代的蒙古人以自己所豢養的駿馬名駒為榮，當人們牽著馬相遇時，常要拍拍對方馬的屁股，附上幾聲「好馬」的稱讚，而有人卻只是一味地想討馬主人歡心，不管馬是好還是壞，一律都盛讚為「好馬」，而拍馬屁的意思便是由此而來。

現代社會裡所存在的馬屁文化，則是為了自身利益去說些討對方歡心的話，或是對想巴結的對象做不客觀的附庸諂媚，極盡所能地奉承、讚美對方，在每個族群中都可以輕易找到這種角色的存在，我們也稱這種人為「馬屁精」。

適時拍馬屁是一種圓滑的表現，不管是在工作中還是日常交際，許多地方都聽得到拍馬屁的話，好比有個重要的業務企畫案要推薦給客戶，或者你打算說服別人去做某件事情，甚至是買你家的產品。

為了加強認同感與獲得利益的機會，許多人就會把格局搞得很大，先滿足對方心理上的愉悅與慰藉，再給對方一個崇高的目的來跟隨自己的想法，讓對方知道這一切都有著更廣大的目的，而非全然衝著個人利益而來，如此一來就有可能墊高遊說的成功機會。

在傳統的觀念裡，基本上都認為馬屁文化應該只是一種對別人說的技巧話術，於是我們習慣拍別人馬屁，並從中獲得自己想要的一切。但其實換個角度來說，拍馬屁也可以用在自己身上，所謂拍自己馬屁的意思並不是要吹捧自己，而是藉由拍自己馬屁，把想完成夢想的樂觀心態投射到自己身上，作為鼓舞自己的一種手段。

我們在醞釀任何偉大的夢想時，都需要先給自己一個崇高的理想與遠景，不然連自己都不相信的時候，又怎麼會去接受這個夢想有實現的可能，所以一定得先說服自己去相信，接著才有可能一步步去實踐。這就好比你買彩券時，或多或少都會在心裡夢想著自己有一夜致富的機會，如果沒有這種想法的話，你根本不會有多大的動力想去買彩卷對吧。

當我們有任何夢想要去執行時，第一時間總是本能地尋求別人的支持，卻很少先從鼓舞自己做起，適時地幻想自己正處於心中的那個夢想情境裡，相信自己一定可以做到，這個過程有點類似吸引力法則，你必須不斷強烈相信自己會達成，才有落實執行的動力，即使最後結果可能跟原先所想像的有所出入，但起碼日後不會是內心深處裡，不知該如何填滿的一處空白。

有時候藉由拍自己馬屁，適時地讓自己不知天高地厚一下，以正面積極的角度來說，會是敦促自己持續成長的一種好方式，不過拿捏拍自己馬屁的分寸也不是一件容易的事情，拿捏的好會產生正面的激勵作用，可是如果拿捏不好的話，就會淪為總是想得比做得還多的那種人，最後依然是一事無成。

在夢想的路上從來不可能一帆風順，不過夢想總是會在前方設下許多高難度的門檻，只把機會留給那些真正積極努力的人，如此一來，夢想才能繼續保有值得追尋的理由與價值。

冰箱理論與人生整理術

我稱不上是潔癖主義者，但是我每週都會整理房間及居家環境，我指的是拖地、洗廁所、擦灰塵這些乏味又瑣碎的整理工作，可能因為我在國小時開始有過敏體質的關係，所以對有塵蟎之類的環境相當敏感，也才會開始逼自己主動整理居家，目的是為了給自己一個免離過敏原的舒適環境。

有朋友常跟我談起關於居家整理的生活問題，他們老覺得自己好像很難真正落實整理這件事，對此我常拿冰箱的例子來跟朋友解說，冰箱只有固定的空間可以裝下我們喜愛的任何食物，但食物都有賞味期限，一旦過期了可能就會發臭腐爛，甚至影響其它存放的食物，導致整個冰箱異味飄散，但是正常人不會沒事放任冰箱裡放著壞掉的食物，因為每次打開時所伴隨而來的噁心難聞，就足以讓你痛定思痛地好好整理一翻。

我們的居家空間其實也跟冰箱一樣，有固定的空間可以擺放我們喜歡的任何物品（甚至包含食物），但一般物品過期時並不會產生任何味道，所以我們並不會在意，但正因為沒有味道，反倒讓我們有了藉口肆無忌憚地繼續擺放著，即使生灰塵也沒關係，可是此舉卻等同於讓我們的靈魂發臭了卻渾然不知，因為靈魂發臭一樣沒有任何味道與前兆。

常常找藉口說沒有時間整理的人，或許生活真的是忙過頭了，忙得有意義倒稍稍無所謂，忙得莫名其妙的話就真的可惜了，或許這樣的說法有點絕對，但我真的覺得很可怕，特別是隨著年齡的增長，我們的社交圈越來越廣，與越來越多人一起製造回憶，卻也留下一堆該整理的紀念品。

這些紀念品有的沒價值，有的有價值，但人生就像有固定車廂的列車不斷向前走，每一站都可以有人上車，但相對也總是要有人下車，當然VIP的位置可能永遠留給最珍貴的人事物，但絕對沒有辦法把所有的一切都留下來。

就像強求人與人的緣份也沒用，值得回憶的你怎麼也忘不了，相對地不值得回憶的，就算留著多麼有紀念價值的東西，你也根本不會去在意，甚至不去翻箱倒櫃還壓根忘記有這回事的存在。

所以我私自認為從整理房間這件事，就可以看出一個人對人生的態度與目標是否積極，因為房間是一個除了工作以外最常相處的環境，懂得時時整理自己房間的人，某種程度也會時時整理自己的人生規畫，當然單純有潔癖的人就除外了。

當然也有些人喜歡亂七八糟，認為亂七八糟可以像尋寶一樣，或是他就是認為要在亂七八糟的環境下才能工作或是生活，這是無可厚非的特殊案例，但容我舉個簡單的例子，如果你去逛街時，所有店家櫃上的東西都擺放的像是大特價時才看到成堆成山的樣子時，你還有尋寶的心情嗎？我想應該根本就不想逛了吧！

雖然無法單方面從「整理」這件事去對應到每個人的處事方法，但可以當作是個參考的基準，如果你現在還沒有屬於自己的一套整頓邏輯，那或許可以試著用我的方式來檢視自己的生活與人生。

這一開始都是很痛苦的，因為你會遇到很多取捨的兩難，但當你熬過那段陣痛期，很神奇地你會發現你的人生有了很大的改變，你甚至開始清楚自己是誰，開始了解自己要的是什麼，開始明白人生所追尋的是什麼。

每當我在打掃整理時，總會趁機默默地思考一些生活上的問題，因為我也明白打掃本身就是一件無聊而且重複的工作，為了不讓自己在打掃時因為看到某些東西就睹物思情，放下打掃用具盯看物品久久不能自己，所以我總是聽著喜歡的音樂，趁機思考一下明天要做的事情，或是檢討目前正在進行的計畫，又或者是某件待辦的事情該如何進行，這就樣不知不覺地打掃時間一下就過去了，而剛才思考的事情也可能有了初步的想法，這個方式一直是我認為最合理的一心二用法，所以如果你想改變人生的話，不如就先從整理自己開始吧，唯有整理好自己才有機會去改變人生。

夢想從來不是直線漸進式

「經營民宿」曾一度是我自英國研究所畢業後非常想執行的夢想，而開民宿的理由其實很單純，因為自己熱愛衝浪的緣故，所以嚮往海邊的生活，因此我希望能在海邊開間民宿，擁有開闊自由的生活之外，也能藉由經營民宿兼顧富足自己的人生。

有了這個念頭以後，接下來大概兩年多的時間裡，生活中滿腦子都是這件事，從看民宿經營管理書籍、建築裝潢雜誌、土地法規、房地產行情調查、仲介帶看勘察，不管是新竹、宜蘭、墾丁、花蓮、台東都曾走過，自己也剪貼收集了十幾本參考資料，把這件事認真當作隔天醒來自己就是民宿主人的心情在進行。

日常生活中雖然不刻意逢人就提及自己想開民宿的理念，可是倒也從不避諱在某些願景話題上侃侃而談，就像王品集團老闆戴勝益所說的，如果你有個夢想，不只要寫下來當作生活的座右銘，更要發 E-mail 給所有親朋好友知道，因為這樣你就會逼自己下不了台，就一定得開始著手做些什麼，而不是總在等待最好時機到來，以至於最後淪為別人口中只會說嘴的魯蛇（Loser）。

不過在台灣開民宿這件事普遍給人的印象就是退休享清福的範本，似乎年輕人必須要更腳踏實地去工作，在累積歷練與人脈資源後才有資格去想這件事，而不應該這麼早就去接觸這個領域，因為會給人感覺沒志氣或是天方夜譚的感覺。

沒錯，一路上就是有這麼多牛鬼蛇神在盯著我看，雖然多數親友在得知後的回應都是鼓勵性質居多，卻也沒有太大的實質幫助，我心裡也明白很多人只是想看我怎麼挫折、怎麼失敗、怎麼心灰意冷，可是我真的不在意他們怎麼想。

因為即使有些人已年過半百，甚至位居職場高階管理階層了，也都不曾想過要做這件事，或者應該說是敢想卻從不敢說，因為怕說了被取笑，也可能因為已經在心裡自認做不到，所以從而閉口不談。

撇開這些沒有實際去進行的人不說，在經過這段時間的深刻評估及與家人討論後，最終還是決定以另一種形式來延續這個夢想，即經營套房出租。雖然形式上有些不同，但每個月至少都有固定的確切收入，或許不若民宿旺季時的收益，但只要管理妥善，相對而言會是比經營民宿更為輕鬆，也不太會有經營上的壓力。

當然攤提折舊的時間是會拉長，但只要地點靠近都會區，在不斷有新居住需求的前提下，起碼不太需要面對民宿淡旺季的考驗及同業競爭的壓力。如此一來，多出來的時間既可以讓自己更有彈性地配合潮汐去衝浪，或是做其它想做的事情，也不失為一種兩全其美的方式。

仔細回想起來，這些轉變也是後來才慢慢想通的，畢竟在人生地不熟的情況下就跑去墾丁或是宜蘭開民宿，如果沒有充足的資源人力奧援，所有的美好想法都會在實際面對後幻滅，這也是我當初所始料未及的。

但是這種自不量力的 guts，卻是驅使自己實際去了解及實踐夢想的動力，有時熱情真的有種魔力，會讓人產生不顧一切的勇氣，雖然這樣說有點天真，但我卻很珍惜這樣的感覺，因為人一輩子裡，真的很難不斷擁有這種雄心壯志的信念。

也慶幸自己的想法沒有一直待在死胡同裡打轉，有句話說的好：「山不轉，路轉；路不轉，心轉。」雖然這個夢想最後用另一種方式去完成，但這更可以證明一件事，就是當夢想與自身的興趣結合時，你會更有動力去實踐這個夢想。

想像力決定你的人生會是如何

想像力其實是一種願意改變事實的能力，如果你願意去相信改變，世界就有可能會聽從你的。如同普普藝術大師安迪．沃荷（Andy Warhol）曾經說過的：「在未來，每個人都有十五分鐘成名的機會！（In the future, everyone will be famous for fifteen minutes.）」，這一切的可能性都取決你用什麼樣的想像力去看待你的人生。

偶爾回想起來，我總是很慶幸自己在大學唸電機之餘，還能刻意抽出額外時間與精神去學服裝設計，雖然不是很正統的本科系學習過程，可是對我而言這已足夠，因為我知道那時的我已經盡最大的努力與妥協去追尋我想要的過程。

在學習服裝設計期間，總喜歡聽老師訴說著時尚界的種種精彩點滴，過去也曾有非本科系的學生來學服裝設計，最後申請到獎學金出國唸服裝研究所，畢業後甚至被延攬去知名品牌工作或是自己創立品牌。

那時候的我在上課時每每聽到這些故事，總是心生羨慕地遙想未來的自己也能成為別人口中傳頌的主角這般，不過在我學習服裝設計的期間，每個同學或老師聽到我正在唸某大學電機系，都不免驚呼我這樣子跨界學習也太跳 tone 了吧！但我也只能苦笑著回答，自己真的也是情非得已。

每當下課後徒步走往台北車站的途中，注視著台北的繁華，些許迷濛的我總是閃過些念頭，想像著自己大學畢業後能順利去英國唸服裝研究所，體會一下時尚國度的真實感受，如果能成真的話大概此生也就無悔了吧！

但以那時候的情況而言，一切都還止於一種白日夢的想像階段而已，何況我連大學都還沒畢業呢！但也可能因為不斷「想像」的關係，才讓我的夢想真的越來越清晰，而目標也越來越向自己靠攏，這或許是所謂的吸引力法則吧。

夢想絕非成天活在自我感覺良好的想像世界裡就可以成得了事的，想像歸想像，現實的一腳步一踏印還是得扎實地走完才行，而想像力是一種合成劑，它會調和你的所有想法，為你形塑出更為精彩的成果。

人生中所有曾讓你產生自我懷疑的人事物，都是促使你成長的因素，我們就像個載體來到這個世界，不斷地承載各種體驗、感受、知識、回憶、情緒等等。不管這世界變化有多少，每個時代總有人能從艱困的環境中出類拔萃，所以不能老是習慣性地找理由與藉口來安慰自己的懷才不遇，或是一味抱怨社會不公，真正有能力的人總會靠想像力去創造出屬於自己的舞台。

如果在能力與環境允許的情況下，記得當你要做決定時，請記得盡量一次到位，為什麼呢？因為有時你想省時省力而選擇了保守或是退而求其次的做法，反而往往容易導致日後的懊悔。好比作設計而言，必要時我願意為了求新求變，忍痛拿掉一切陳舊腐化，重新訂定新的規則，這樣才有機會產生「新」的可能，而不是繼續繁殖「舊」的細微差異。一旦時間悄悄走過，你我最後會變成後人眼裡的傳統，差別只在於是否「雋永」而已。其實不管我們的人生有沒有刻意去做一些改變，本質上我們都仍將被時代的巨輪推著走。

如果你不願意運用想像力來過活，那麼你的人生會是相對貧乏的，雖然平凡也沒有什麼不好，但請試著回想人類的近代文明史，其實全都是靠想像力來延續發展的，我們現在能享受到的一切便利與自由都是來自過去人們活用想像力所累積的成果。

有位物理學家曾說過：「人類所能想像得到的事物，都有機會實現。」有一天你會慶幸，你願意相信自己的想像力，是世界上最美好的事情之一，因為相信自己而引領自己到新的境界，這會比你發現新大陸或是新彗星更加振奮人心。

你能夠接受文化衝擊到什麼程度

華人之光的李安導演繼《斷背山》之後，這次以《少年Pi的奇幻漂流》再次拿下奧斯卡最佳導演獎，還記得剛上映不久時，我心裡就有個直覺告訴我要帶爸媽去看這部電影，與其說是為了共享天倫樂或是孝順而帶爸媽去看電影，但其實是希望透過看電影來跟父母作一些對話與溝通，並開拓他們的視野，而不要老是從台灣的角度去看世界。

由於李安是台灣人，年紀也與父母算是同一個世代，所以我想藉由他作為一個媒介，解釋一個跟他們年紀相近的台灣人都可以用世界的眼光看台灣時，我相信父母也會因此產生較多的共鳴。

當電影結束後，在開車回家的路途上，我問媽媽覺得這部電影如何？媽媽竟然回答我說有太多地方不合理，比如小船怎麼有辦法不翻覆？老虎怎麼有辦法跟男主角在小船上待這麼久？

我笑著回答媽媽這就是電影的創意啊，而且應該要注意的細節是這個故事背後所呈現的一些人性觀點，何況妳愛看的本土劇，不也是常上演被誇張撞飛沒死，或死而復生之類的荒謬橋段，可是說也奇怪，媽媽對於本土劇情的不合理之處卻從來沒有質疑過，還看得很開心呢。

而我自己在看完這部少年Pi後，有一種很深刻的感觸，有人在台灣找題材時想的是國際市場，也有人在台灣找題材想得是在地市場。

李安想追尋的是廣大海洋中的藍鯨，而非河中的大尾鱸鰻，雖然藍鯨與鱸鰻的選擇各有自己的一片天，但我還是想謝謝李安再次藉由電影，教育台灣這塊土地對於文化藝術涵養的深度，試著拉拔我們的視野走向更國際的層次。

說來有些感慨，不知道究竟是人文素質的問題，還是我們的建國時間不夠長遠，文化底蘊才沒有這麼深厚，以前常有人拿外國月亮比較圓這句話，來調侃那些沒出過國的人，聽起來真是格外刺耳，在我還沒出國唸書前，對此話真的半信半疑，可是當我真的去英國留學後，卻發現這句話一點也不假，外國的月亮真的比較圓。

為什麼這麼說呢？其實我很難一次說個分明，但從生活、教育、思想、美學、城市規畫、觀光推廣，乃至國家行政效率等等，很多方面我們真的都還有很大的改善空間。

我想說的是，李安和我們一樣也都是土生土長的台灣人，去美國發展後，卻能有如此不同的視野與見地，也有辦法在吸收美國文化後，進而轉化成自己的，我們即使無法百分之百複製他的學習經驗，起碼應該做得到百分之八十才對。

長久以來，台灣其實從來不缺乏技術跟創意，可是思維似乎總卡在一些奇怪的邏輯上，比如很多事情都要訴求本土文化，好像沒有擁抱本土就是忘本該死的行為，就像百善孝為先的根深蒂固觀念一樣。

同時我也很懷疑，如果拿掉愛情、軍警、校園這三大題材，是不是台灣就不會拍電影了。當然我無意否定那些默默支持、守護本土文化的所有人士，只是如果我們拍片的格局永遠都侷限於以台灣島內的內需市場做為考量，那不就意味著我們是跨不出家門的膽小鬼，更別提當年一卡皮箱行銷全世界的雄心壯志。

好不容易國片再次因為《海角七號》、《賽德克巴萊》而重新把台灣觀眾帶進戲院。但令人憂心的是，如果未來十年裡，導戲的人或者應該說投資拍片的金主們，仍是以在台灣什麼會賣的前提來製作電影，那即使國片市場重新蓬勃起來，十年後，我想台灣還是會繼續差韓國、日本、新加坡一大截。

有人曾說看一個國家在奧運上的成績表現，就是該國家的國力展現。試想，如果未來韓國或是新加坡已經全力開拍好萊塢等級的電影時，台灣卻仍拍些小情小愛又無法特別輸出海外市場的電影，那我們鼓吹的文創將會是種可笑的故步自封。

努力學習其實是件基本且容易的事情，但接受新事物的能力卻是件很困難的事情。我們都會本能地去排斥外來的新事物或經驗，因為一旦意識到即將破壞現有的規則，接受新事物會讓我們感覺到非常不自在以及沒安全感。

長輩們常說：「所謂衣食足，而後知榮辱」，但如果多數人的心態都是如此的時候，請問這個國家與人民談什麼進步？沒錯，逆向思考會產生質疑，質疑會改變規則，新的規則才會引領我們進入一個新的境界。

就在車快開到家時，我對爸媽說：「你們這一輩可以選擇不去接受新的事物，但我們這輩卻還無法這樣，因為我們正在時代的巨輪上，你們已經快到站準備下車了，而我們才剛出站沒多久而已。」所以請鼓勵我們冒險，鼓勵我們接受新思維的衝擊，讓我們未來的路走得更寬廣些。

敢做夢的人才活得精彩

所謂「活得精彩」，並不是要你先幻想精彩的過程是怎樣，因為精彩只是實踐夢想過程中的附加價值，首先你還得先擁有敢做夢的決心，這會讓你相信自己的能力，也才有機會實現偉大的夢想，如此一來人生自然會活得精彩。

你喜歡現在的生活嗎？熱愛你正在做的事情嗎？越清楚自己此刻所想要做的事情，會讓你越敢去做夢，因為你的行為跟思考已經連線了，一切的行動都只是反應思考的結果，如此一來根本也不會覺得累，而目標也會在不知不覺中一件件達成。

成功的人會先衡量這個夢想值不值得去追尋，但不會去計算夢想的果實有多大，決定一個人是否活得精彩的關鍵在於，是否時常自我回顧現在的生活，檢視自己都把時間花在哪些事情上，藉此釐清每個階段的實質價值與意義，再做適度的調整。要記得一件事，世界上沒有任何一個計畫是完美的，永遠都需要提醒自己在過程中，定期檢討當初的每個決定。

人生之所以有趣，正是因為在旅途中，我們不斷地發現新目標，從每一次的嘗試裡得到許多經驗與啟發，而這些經驗與啟發會是日後夢想的養分來源，讓你逐漸在心中勾勒出具體的夢想藍圖。

通常真正令我們感興趣的事物，都會是夢想的來源，但卻常有人潑冷水地說，夢想與現實是無法兼得的，這個問題的癥結往往在於人們不夠了解自己，因為真正為夢想努力過的人都十分清楚，在這個過程裡，必須要很老實地傾聽自己的心聲，然後提出具體的實踐方法，並把這份努力給堅持到底。

你是否有過經驗，當你試著訴說自己的夢想時，身旁總會有很多人勸說，夢想或是理想不能當飯吃，還是實際一點吧！的確，現實生活中總有許多潛規則與限制，但至我們至少要勇敢地突破幾個才行，因為夢想是靠雙手實踐出來的，而不是用想出來的。

想要活得精彩，就必須時時提醒自己活在當下，唯有活在當下，才會懂得把握機會去追求夢想，不要因為身旁的人沒做過或是沒有達到過，就開始怯步了。這時你應該要感到竊喜才對，正因為沒有人做過，也意味著又少了一個競爭者，這樣夢想實現的成果才會更有價值、更獨一無二。

其實仔細想想，很多創業家所開創的事業甚至不是他們本身所懂的專業領域，但他們一樣能做好，那是因為他們都非常清楚，執行夢想的方法非常多。譬如，如果你懂的找錢，就不一定需要用到自己的錢，如果懂得延攬人才，就不見得需要親自下去執行，如果你懂得行銷，你也不需要刻意花錢做宣傳，其實方法一直都有，只是看你能不能找出對方法而已。

每個人的夢想都不盡相同，但往往就是這種差異，使你實現夢想的機會硬是比別人都多一些，有時候人生不見得都要做別人認為對的事，當然犯法的事情除外。別人可以嘲笑你的夢想，可是你絕對不可以逃避你的夢想，不然就等著錯過屬於自己的精彩人生。

如果你希望人生過得精彩，就要停止感覺渺小，而精彩的祕訣就是不要想太多，勇往直前去做就對了，不要先入為主地設定自己的極限，用樂觀審慎的態度去實踐，並以平常心去看待結果，這樣一來精彩的人生就必定在前方等著你了。

努力需要感動自己才有效

每個成功背後，都有數不盡的付出與無法述說的孤獨感，正因為不是每個人都能完整地走過這個艱辛的過程，成功才得以如此耀眼顯貴。成功對於每個人的定義本來就不盡相同，我們都知道不努力是絕對無法成功，可是在到達成功的最後一哩路前，要如何確認自己已經竭盡最大的努力呢？

其實有個很簡單的辨別方式可以參考，就是靜下心來捫心自問，自己是否被目前為止所做的努力感動，這是種體認到自己正在邁入超越、進化、改變的複合式感覺，是一種來自內心深處的自我回饋，會讓你很想緊緊握拳或是叫囂的悸動，就像即將贏得比賽瞬間的那股雀躍。

如果你能有過這種感受，那恭喜你應該再加把勁，成功真的就在前方不遠處了，可是如果你一點都沒有興奮的感覺，只是不斷地埋怨與原地踏步，那麼你的努力就尚有改善空間了。

遇到困難的事情才有值得努力的空間，能得到卓越的過程才有值得追尋的動力。雖然人生本來就是不公平的，但仍要學著讓自己適應這樣的不公平，不斷透過努力來感動自己，你想達成的願望或夢想，有天會以不可思議的方式一一呈現給你。

「心」是透過與別人互動去了解出來的，而「路」是自己走出來的，「歷程」則是由以上這兩者所交織而成，結合起來就是所謂的「心路歷程」，也代表著努力所到之處的足跡。

所有的努力過程都會留下兩種東西，不是「經驗」就是「成果」，有時蠻幹或傻勁雖然有值得鼓勵的正面積極精神，但在多元分工的今日，如果方向不對的話，就很有可能只是重複用錯誤的方式在做一件沒有成效的事，因此千萬不要把自High跟感動劃上等號，這是完全不一樣的情境，也會帶領你走向截然不同的結局。

或許這樣的敘述帶點資本主義的功利壓迫氛圍，可是「結果論」卻永遠是最真實的殘酷，你可以在心裡嗤之以鼻，但你往往不由得摸著鼻子在現實中妥協。

此外，如果你已經對現況很滿足了，那也只是表示你還沒看過比你更努力的人而已，不代表你真的很厲害！所以千萬不要有「自滿」的感覺，因為能超越你的人很快就會出現，快的話也許明天一覺醒來就能見識到了！

其實有時候我也會疑惑自己一股腦地下去做某件事，究竟會不會得到我想要的結果，但當我隱約感覺到這是自己想要的事物時，就會盡全力去追求這件事，在達到目的以前我不會刻意去想像美好的成果是什麼，因為我更在乎的是在這個過程裡的感動是否足以撼動到讓我問心無愧，如果能，那最後有不錯的結果也似乎是理所當然。

在渴望面前，你必須真心做出永不妥協的承諾，並且願意為執著與信念做出犧牲，所有的努力都不是為了取悅誰而付出，而是有了選擇的步驟，是為了實現理想的堅毅決定。是複製別人的成功模式或依循過往經驗而行，甚至是讓自己成為那個「前無古人，後無來者」的先驅變革者，這都是不變的道理，看看歷史上的偉人們，沒有一個不是從感動自己做起，接著才感染身邊所有的人逕相追隨。

要知道這個世界無法看見每個人的努力，因為你我都只是這世界的一隅，你想去多遠的地方，就得付出多大的代價，如果希望別人能善待你的付出，你得先做到讓自己感到滿意才有機會得到別人的好奇與關注。

最難了解的其實是自己

你了解自己嗎？其實每當被問起這個問題的時候，總是不由得讓人產生遲疑對吧！我們也許都自信很了解身邊的伴侶、家人或是多年好友，但卻不是那麼樣的百分百了解自己。

或許你會覺得這怎麼可能，但原因就在於我們總是可以站在置身事外的立場，輕巧地連結客觀角度去了解他人，可是在面對自己時卻無法逃脫身在其中的主觀意識，有時面對自己，某種程度上甚至遠比面對他人還要難以怡然自若。

時間的流逝從來不著痕跡，只有日夜與四季的更迭，也許有人會說自己一路走來始終如一，並沒有什麼改變，怎麼可能會不了解自己，可是沒有改變不等於真的了解自己。

即使選擇獨善其身，看似外在世界不停在轉變，但其實不斷在改變的還是我們，因為從遠古到今日，在人類寡占地球成為主宰之後，所有秩序漸漸都因為我們絕大多數的作為和決定而改變了世界的面貌，環視周遭的環境就能明白，我們的改變有多麼劇烈，這個速度甚至讓我們追不上自己的變化。

現在常有許多年輕人不知道將來要做什麼，沒有目標、希望、更沒有夢想，多半把這一切歸咎在社會、環境、結構、教育方面的問題，但恐怕更大的問題還是在於自己本身。每個時代都有屬於自己的無奈與不安，沒有所謂最好的時代，也沒有最好的時機，只有最好的準備與最膽大心細的冒險，問題是你準備好了嗎？

事實上，就像我寫這本書，一開始閃過寫書這個念頭時也覺得自己很荒謬，但也因為這個決定，我看到了自己經歷許多改變的過程。

首先我體認到自己真的是相當地自不量力，初期的那股熱血沒想到一下子就用完了，到中期我也曾因生活中其它事情的影響，多次完全失去靈感，甚至漸漸失去當初想寫這本書的心情，也曾在心底問過自己是否會中途放棄，將寫書的心情束之高閣，當作是個美麗的誤會任它塵封並不再想起。

可是我相信，如果在人生的這個時間點上沒有寫完它，在未來的日子裡，只要我回想起這件事情時，它會像個舊傷口般，隱隱作痛地折磨著我。然而思緒就在這兩者之間不斷拉扯與糾結，晃眼一年多的時間，很慶幸我終究還是寫完了，我終於不需要在日後暗自嘆息這個沒能堅持到底的失落片段。

有人常說每天醒來都是全新的一天，我想換個方式解釋這句話，我認為我們是透過每件事情不斷地重新認識一個全新的自己，也許每個人用的方法不盡相同，但都是為了朝向更了解自己而前進。

觀察外在的你，同時也觀察內在的自己，我們常說某些人具有雙重人格或是多重人格，但事實上每個人的心裡或多或少都有這種傾向。因為當我們在面對事情時，猶疑程度與經驗深淺的每次配對組合都不相同，才會導致我們擁有無數的選擇形式。

只是普遍大多數的人，異常配對的組合比例比較少而已，所以我們才會沒發現彼此這細微的差異，而多數異常配對組合的人，可能不是天才就是瘋子，因為他們的情況不是Excellent control，就是Over control。

當你遇到困難或難以抉擇的時刻，或許你該檢視探究的是你自己而不是這些問題本身，試著在每次遇到問題時，撥些片刻時間重新認識一下自己，或許將有助你找到更好的解答。越認識自己，在未來人生路上做出的選擇也會更加貼近你的真實需求與想望，而不是總在做些違心之舉或總在事後懊悔不已。

我認為這一生最難瞭解的就是自己，光是要發掘我們自己的天賦就是件相當困難的事情。

天才如賈伯斯，即使是他也花了很多時間去瞭解自己，去靈修、去學書法等等。了解自己是認識所有人事物的起點，因為這會從根本上引領我們走向一條比較適合自己的路，珍視每個階段的自己，好好認識那個階段的你，如此一來幸福或成功才有機會來敲門。

先有夢想才有步驟

許多人總是羨慕那些擁有獨特思維或是勇於追尋夢想的人們，覺得他們的人生精彩非凡又不失個人風格，但回頭檢視自己時，卻發覺自己好像總是腦袋一片空白，雖說不至於成天渾渾噩噩，也確實掌握著些許的「小確幸」，可是真要明究一番時，卻也說不出自己的人生究竟要追求的是什麼，當然就更不知道該如何著手進行，原因就在於不知道自己要的是什麼，自然也不會憑空產生出所謂的夢想或理想了。

我想這有一部分的原因可能得歸咎在我們從小就被制式的生活規則與經驗法則所限制，環境常會深刻地影響一個人的選擇與決定，長年下來逐漸失去獨立思考的能力，進而導致我們不曾也不敢去試著主動掌握自己的人生。

事實上，獨立思考這種能力，是每個人與生俱來就有的，這跟智商天分或是美感沒有太大關聯，它也從來沒有消失過，只是被遺忘在內心某處而已，你得花些時間把它重新再找出來使用。

但我也常從另一個角度觀察到，有很多人都把所謂「夢想」這兩個字定義的太沈重了，好像一定得是非常遙不可及的事情才足以稱之為夢想。可是對我來說，我卻顯少把夢想掛在嘴邊，覺得自己只是有很多想完成的事情罷了，為了完成這些事情，就會主動去找出方法與時間來實現它。

每當在做一件事情的時候，這件事本身會不會被歸類為夢想，應該是由旁人去定義，而不是由你來決定，因為每個人對自己人生的理想高度都不盡相同，實在無法去量化去比較哪種程度的事情才算是夢想。

而「小確幸」其實是人人都可以輕易擁有的，因為它沒有特定的侷限或定義，只要自己感覺處在一種美好的狀態就算是了。可是要完成所謂的「夢想」可能就需要另一套思維了，因為它通常具備某種程度的難度與不易進行的種種理由。

以實驗步驟的邏輯來說，首先你必須先對某件人、事、物有感覺，然後才會產生想法，再歸納出可執行的步驟，最後才有機會得出一個結果。當你正在擁抱夢想時，生活中的每件事，甚至每個決定都將帶領著你更接近那個目標，每個步驟都會引領你一步步去接近它。

一旦有了夢想，就會啟動一連串的的際遇，它們會以你想像不到的方式接踵而來協助你，但首先你必須先有夢想，後面的步驟才會一個個出現。在夢想的指引下，後續的你自然就會開始思考該如何達成、如何加強自身欠缺的能力，以及如何有效分配時間與資源。

在生活中試著去養成一種習慣，隨時觀察自己對於想完成一件事情的念頭是否到達沸點，如果已達沸點的話，你必須即刻行動，如果尚未達到沸點的話，則必須再花些時間醞釀它。

此外，真的不用太擔心你想做的事情是可笑的，世界上還有很多人跟你一樣，或者比你想得更為天真、可笑，而且回顧歷史，我們現今所得知的偉大成就，也通常是從一種可笑的謬思中慢慢發酵出來的。

相信自己的判斷是第一步驟，行動反而才是第二步驟，這就是所謂的「起心動念」，因為是你賦予夢想意義，而不是夢想帶給你意義。夢想之所以神聖或偉大，是因為你堅持的是對於未來的期望，而不是當下的小確幸。

永遠對世界與自己保持好奇心

其實我們每天醒來最有趣的一件事情，就是不確定這個世界會變成怎樣，也因為這種本能的好奇心，驅使著我們持續對生活擁有熱情，對未來也才會不斷有所期待，是這份未知的魅力在吸引著我們去追尋心中所想像的美好世界。

在《祕密》這本書中，有提到所謂的「吸引力法則」，其實我並不推崇這種心中有念力，事情就會有所感應的說法，這還是有瑕疵的，因為這絕對會變相讓很多人都沈溺在空想的階段，而不做任何進一步的付出與努力，整天只想期待天上掉下來的禮物，卻連在床邊掛雙襪子都不願意。

當你確信生活中的每一天都是不一樣的時候，就會源源不斷地從生活中找到新的樂趣，然而常說自己在生活中找不到樂趣的人都很有問題。這些人的問題往往都是在自我僵化的模式中逐漸痲痹了對生活最初的熱情，其實簡單的生活樂趣往往俯拾即是，片刻感動也從來都是隨傳隨到的，一切取決你用什麼心態看待而已。

沒錯，或許就漫長的人生來說，也的確就是日復一日的重複而已，可是從我們身為地球上唯一能賦予生命意義的生物這點來說，其實根本沒有資格白白浪費上帝賦予我們為生命創造美好的奇蹟能力。

試想地球表面積有百分之七十是海水，另外百分之三十是陸地，而居住在陸地的我們，時至今日仍對神祕的海洋世界不甚了解，光是活在陸地上的我們對地球的認知都僅是億萬分之一，更不要說還有以光年計算的外太空，也是人類一直持續在探索的未知世界。

拜醫學科技進步之賜，二十一世紀的人平均壽命都在七十、八十歲以上，有些人甚至結縭一輩子的時間動輒超過半世紀，雖然現代人離婚率比起以往也高出了許多，但這個世界應該很難再有像人類這樣的生物，可以和伴侶相處這麼久的時間，於是如何在這漫長的歲月中一邊消磨一邊尋找樂趣，就慢慢變成一種學問，這端視我們用多少的好奇心來看待自己的漫長人生。

如果口袋的深度決定我們的購買範圍，那「好奇心」就決定了我們對人生的探索深度，可是絕大部分的人們卻常引用一句「太陽底下真的沒有新鮮事」的老話，來合理化對已知事物的乏味倦怠，可是卻沒發現對人生失去好奇心的部份才是不爭的事實。

不管你現在對人生有沒有想法，對未來有沒有目標，知道不知道自己正在走的方向是否正確，其實這些都沒關係，因為人生的最終意義就是不斷地探索生命的各種可能，因此不要再說你沒有籌碼或是顯赫背景，獨一無二的你我只要有心，人人都可以創造出屬於自己的小宇宙，不要讓虛構的現實限制了自己的好奇心。

雖然我們都不確定明天會過得如何，但我們得知道今天的我們必須要過得怎樣，這就是所謂活在當下，唯有活在當下你才會真的找到心之所望的事情。

這個世界真的遠比你我想像得還要更精彩，即使在我們有限的生命裡無法全部一一體會完，但是透過對好奇心的加碼投資，它會引領你發現更多人生的可能，進而釋放所有想法與限制，追尋自己心中的那份好奇心，就是人生中最值得投資的一件事了。

人生只有一次，當然要由自己決定看待世界的方式

其實從開始學服裝設計以後，我始終回想一件事情，就是如果當初我沒有這麼義無反顧地堅持自己的想法，沒有任何人會帶我走完成這條路上的所有旅程。家族裡沒有任何人是學藝術相關領域，身邊的朋友也沒有這方面的經歷與志向，更沒有人像我一樣從工科轉藝術領域。

我不知道外人能不能明白這種寂寞的感覺，但若非大學時期那股源源不絕的熱血精神支持著自己的信念，我老早就放棄了。事實上，這中間的困難重重也曾數度讓我心生放棄，因為過程真的太痛苦了。當然，有興趣的人可以自己去試一試，這樣就會明白其中艱辛的轉換過程是怎麼一回事。

還記得，當我決定要去唸語言學校，並期許自己一定得在四個月內考取ＩＥＬＴＳ合格的研究所入學語言成績時，我大學時的前女友冷冷地告訴我沒這麼簡單，其實她說的一點也沒錯，我也知道這真的相當困難，可是我沒辦法把她的話放在心上，因為我覺得

如果把她的話放在心上，自己就沒有勇氣再去挑戰這件事了。

我知道這也許是我這輩子最大的挑戰之一，因為在設定期限內要跟自己做正面對決，為了這個信念而賭上自己的一切，我只告訴自己如果沒有拿到入學要求的語言成績，我就得放棄念研究所這條路，回台灣後就馬上老實地找份工作做。

很多時候，我覺得不是每個人都會用溫暖的心去看待你的每一個決定，只有兩種情況可以解釋為什麼別人會這樣子看待你，第一種就是對方不是真的很關心你，第二種就是對方不希望你受傷或是挫折。

但我想認真地用自己的雙眼去看人生，而不是用別人的目光來引領我走向世界，如果我們都願意毅然決然地用自己的方式去看待人生，那或許我們應該要選擇放開別人給我們的枷鎖。人生不管過得怎樣，一定要為自己真正勇敢幾次，別害怕即將要面臨的種種問題，因為解決的方式有很多種，只是你還沒有想到如何解決而已。

我沒有後悔過自己選的路，其實我們在日常生活裡，也常常在閒聊之餘被旁人問起，或是在夜深人靜時問自己，究竟過去這些選擇對你而言後不後悔？說真的，我現在回答一律是不後悔，因為我已經無法再回頭改寫過去了，只能選擇接受並期許能在將來做出更好的決定。

什麼是所謂正常的人生？我不知道，因為當下我們其實都不知道還會有哪些方式可以做得更好，只能在每個當下去相信自己能在既有選擇中作出最好的決定。

我覺得如果把人生當做數學證明題來看，其實就是在證明自己人生的路，雖然還是會用分數評比出個高下，但就是沒有絕對的滿分。在清楚夢想是什麼以前，我們更應該清楚自己知道自己要的是什麼，也許會費很大一番功夫才能證明自己是對的，但因為我相信自己，所以我知道我可以。

人生的確運作在許多規則之下，但在說服反對的你的人時，先給自己一個理由做自己，這比任何前提都重要。正如同我們常說不要「隨波逐流」或是「得過且過」，但其實你我差不多都是如此，常讓理想與夢想徘徊在這兩句話上，搞得最後總是不得其門而入。

我們無法決定生命的起點，但可以左右人生的目的地，只要勇敢地站上舞台，相信著自己也讓旁人相信你，舞台上的我們有義務要揮灑精彩的演出，這不是為了取悅台下的觀眾，而是對生命的一種尊重與感恩，而這個舞台就如同我們的人生。

同學會，讓你發現另一個渺小的自己

參加過同學會了嗎？大概自從國小畢業以後，就會開始有所謂的同學會，過去彼鄰而坐的同學們，如今在社會打滾多年後，各自都在不同領域與崗位辛勤地工作著，累積著不同的社會歷練與視野。

開同學會時，往往會有最直接而鮮明的例子可言，有沒有發現，在同學會席間總有幾位會被眾多同學們團團包圍住，這些出類拔萃的同學們聊起許多有趣的人生歷練過程，總是讓其他同學們聽得意猶未盡，接連簇擁地在旁不斷請益指教。

但這些出色的同學們可能不是當年成績最好的，也不是運動健將型或是校花、校草，他們今天能稍具成就，除了有自己的步驟與信念，也花了很多時間累積不同的眼界才能轉化成獨特的視野，進而在同學會上暢談時贏得老同學們的讚嘆。

意思是當你還在談論美妝購物、明星八卦、餐廳美食、遊山玩水時，有人已經在做其它的努力，選擇更高的眼界，去關心世界財經與國際趨勢脈動等等。也不是說上述的這些行為完全膚淺或是沒有意義，只是絕大部分的人都花太多時間在這上面，當時間放長遠來看時，就造成自己淪為相對膚淺的那個族群。

可是對於致力打造自己為「智庫」的人來說，這些比例與重要性相對而言是很低的。舉例來說，你不一定要知道哪家餐廳最好吃、服務最好、價格最實惠，但卻不能不知道比特幣的出現，對金融市場是否有其影響，以及是否會產生後續泡沫化等議題。

藉由一場同學會的相聚，有形無形的比較之下，往往才發現自己過去浪費了許多時間在一些無關自我成長的事情裡，沒有真正把時間運用在更重要的地方。

這些生活的選擇差異看似很小，但其實就跟存錢一樣，一天存一塊錢看似沒什麼，可是涓滴成流的的道理就是如此，有些人經過時間的積累最後匯聚成大川長流，也有些人到最後仍守著一灘死水，抑鬱有志難伸卻是自己選的。

其實追求這些生活消遣娛樂並沒有不好，也有許多人是從中得到靈感，進而轉變為一種能力或是創業的根基，但前提是非常少人會進一步花心思去深耕這些事。因此，如果你有一種自覺，時時提醒著把自己當作「智庫」在經營，就會自然把生活中許多事情做分類與優先順序的排列，並致力於把重要的事情做深入學習。

智庫需要的是一種多元學習的自我要求與認知，當旁人把你當作是個智庫的時候，便會吸引許多人來請益合作，自然便能拓展人脈圈，資源也會在無形中累積出來，財富也會隨之主動來找你。

往往我們脫口而出的想法，就足以讓別人定義我們的眼界高度與思想深度，試想一個沒什麼內涵學養的人，是不會有人沒事想去搭理的，所以別老是輕忽自己的潛力，試著提高眼界與視野，讓自己擠身為同儕、朋友、同事之間的意見領袖之一，這是種進步的證明。

視野與經驗有時也等於是一種「智慧」，這與天生富有或貧窮是毫無關聯的事情。好比電影《貧民百萬富翁》裡的男主角賈默．馬利，雖然出生貧民窟，在沒有任何教育背景下，參加電視遊戲節目卻能一路過關斬將，還被節目主持人懷疑他作弊，就在快要贏得百萬的最後一題時，他被警方帶走，在拷問下，這才明白這一道道題目的背後其實與他的人生際遇是息息相關的。

我們沒有他那段悲慘的成長背景，但相對也沒有他那段豐富的人生經歷，所以永遠試著準備更好的自己來迎接未知的挑戰，因為在時間的佐證下，前一秒偉大，下一秒就是渺小，最終我們都仍會被時間拋在後頭，想停止渺小，就得不斷往前衝刺人生。

做對的事情，而不是只做聰明的事情

在這個日趨競爭的社會裡，每個決定其實都代表著一種人生觀的對決，或許你自詡不喜歡跟別人做比較，只想做個純粹擁有小確幸的自己，但從長遠宏觀的角度來看待人生時，這種想法卻是種無知的逃避心態，因為只要在活著的一天裡，我們終究還是逃不掉被迫參與人生這場角力的局，除非你真的有前往深山過著隱居般的修行魄力與決心。

追根究底來看，選擇平凡其實沒有錯，只是平凡從另一個角度來看卻是種奢侈的選擇，因為這意味著你必須要有辦法不斷抵抗任何局勢的波動，才能持續確保擁有這份平凡。

當然這不是否定現代年輕人選擇擁抱平凡小確幸的正當性，只是切莫忘記時代的變遷，是不會因為我們原地踏步而停下巨輪的轉動。你無法要求這個世界停下腳步來配合你的步伐，而唯一的方式就是必須跟上與時俱進的腳步，如此一來才不會被這個社會淘汰了都不知道。

很多時候大家都在問「究竟是選擇造就了機會，還是機會創造出了選擇」，這兩句話在某種程度上都是對的，只是多數人都無法在當下體悟出，其實好的機會與選擇通常都是在一連串最艱難的抉擇上造就的。

常聽到名人講所謂「時間管理」，其實簡單來說意思就是在管理自己的選擇，能在不受現有條件限制下做一件事、一個決定、一種選擇，才會產生非凡的視野及意想不到的成果。

從我們每個人周遭已知的成功人士裡，真的可以發現這些一路順遂的人，某種程度真的都用不同於一般人的思維在做生活中的每個選擇，他們往往是看事情背後的價值而「選」，而不是因為眼前短期的報酬或利益而「決」。

如果你希望自己成功或順遂，就必須開始學會做重質不重量的選擇，重點在於你是不是用對的方式去做對的事情，試著思考一下長遠的影響為何再做這件事，時時檢討自己做事的方式並改變短視的壞習慣。

一個懂得做對的決定及看得懂長遠趨勢的人，永遠比擁有優勢的人走得更長更久遠，你不必學會最高明的技術或是知識，只要能了解如何判斷，就能在無形中帶你走向較旁人更為明朗開闊的康莊大道，甚至是達成你的夢想。

而選擇的方式有很多種，如果分析這些選擇的各自屬性，以數學的角度來歸類，可以將這些選擇劃分為以下的四個象限：「第一象限，做對的事；第二象限，做聰明的事；第三象限，做取巧的事；第四象限，做不對的事。」

第一象限：做對的事情，是為了打造一把開啟中、長期目標那扇門的鑰匙，而願意接受短期犧牲的決定。

第二象限：做聰明的事，僅在乎及時的效率，欠缺對長遠未來的縝密布局。

第三象限：做取巧的事，敷衍行事的作風，凡事得過且過，只想盡快逃離問題風暴。

第四象限：做不對的事，完全走在一個不正確的方向上，是不經思考的錯誤決定。

看完上述的四個類型，試著回想自己人生過往的每個重大決定，相信你一定能找得出瑕疵、挑得出毛病，那是因為你現在比以前得到更多經驗與數據來評定過去的自己，但你不見得馬上就會有做出改變的行動力。

其實要在人生裡找到自己並不容易，找到後，定義自己也非易事，最後貫徹自己，更是一輩子的事，這一切都需要不斷學習、不斷練習。

我們都知道時間從不等人，很多事情一旦時間到了，就只能被既有的選擇推著走，如果是好的選擇就帶你上天堂，而不好的選擇就很可能會讓你躺針床。

然而我們都不是所謂沒有選擇的餘地，只是受限於此一時的時間壓力與有限的判斷能力，導致當下沒有看出這件事情背後所隱藏的另一種選擇而已。

任何事情都有所謂輕重緩急，如何挑方法去做對的事情，除了需要智慧與經驗的累積，更要有冒險的精神。「一次就到位的做法」是很重要的原則，寧可捨棄、犧牲一些無謂的附加好處，也要選擇那個長遠看來是正確的選擇，雖然做對的事情一開始會很痛苦，但漸漸地你會發現身邊的一件件事情都跟著對了起來，最後形成一種良性的循環，就會讓人生更加順遂。

順從自己的渴望還是盲從別人的想望

獨立思考的養成說起來簡單，卻絕非是一蹴可成的，所謂「獨立思考」是指跳脫尋常建議與經驗法則，或是脫離被指導的原則下，仍能夠自己去找尋答案，甚至定義答案的能力。

雖然每個人都聽過「獨立思考」對我們而言是多麼地重要，但弔詭的是在亞洲高等教育裡卻沒有開這門必修課來專門教導大家如何學習養成獨立思考，彷彿好像時間到了，我們就會自然擁有這項能力一樣，但是事實卻並非如此。

從小我最討厭的事情就是背東西，一方面是自己真的不太擅長，然而最痛苦的時期，莫過於高職與大學念電機科系時，為了應付考試而必須熟記很多又長又複雜的數理公式，以致於每次期中和期末考前夕總是把我折磨得很痛苦。

特別在大學時期，期中、期末考往往一題的計算過程就足以寫掉半張作答卷，而且當中就應用了相當多個的複雜公式，少一個公式就會讓你無法再繼續完成解題，此外正確解答也多半是在一個範圍裡的數字，所以教授給分的情況也跟申論題一樣，視你解題的程度給分，即使沒寫出最終答案，也多少還是會有些分數。

有趣的是我總能在考完試，走出教室的那一刻就把這些公式忘得一乾二淨，雖然背誦在很多學習方面的確是不可或缺的一環，但我始終有種想法認為，要背也要背自己有興趣的事物，就如同咖啡廣告裡所說的：「生命就該浪費在美好的事物上」。

因此同理可證，我認為學習也該盡量朝有興趣的事物去摸索，日後才比較可能有淋漓盡致地發揮，如果不是打從心底很想學習的事物，即使熟背了相關知識也無法靈活應用在未來生涯中，學習的成效自然就打折扣了。

誠如我在大二之後，發現自己喜歡服裝設計多過於電機領域時，並不代表學習服裝設計就不需要背下任何知識，也還是有很多相關歷史與技術沿革需要熟記與理解，但起碼在心境上比較不那麼嚴肅，甚至還帶點愉悅的成分，因為樂在其中而不覺得自己在死背些什麼，或許這就是所謂真正「快樂學習」的一種境界吧。

在人生路上能時時督促自己主動去學習新事物是件好事，但如果學過即忘的話跟沒學是一樣的意思，那只是一味滿足自卑的心理與盲從追尋旁人的無措表現罷了。

大學初期的我，在沒有具體方向與自我思考的情況下，跟多數人一樣盲目以為有了所謂工科的畢業文憑，將來在找工作時自然選擇機會多也不怕失業，天真地認為只要順利念到畢業，後面等著的就是自己想要的康莊大道。

所幸中途因為提早面對未來職涯的抉擇，而覺醒自己無法等到畢業後才做些變革，因而開創出另外一條屬於自己的設計之路，雖然初期兼顧電機與轉換服裝設計的過程非常辛苦，這點至今依然無法詳述給外人理解。

畢竟是兩個截然不同的領域，可謂理性與感性同時要強行植入自己的內心，好在自己最後還是成功整合下來，雖然每次回想起來都覺得不可思議，不知道當初自己究竟是怎麼辦到的，或許就是一股熱情與傻勁吧。

或許我們內心都有過疑問，以一己之力是無法改變現今的教育制度與社會環境，但其實還是有很多方式可以補足現今教學體制的缺失，當改變不了制度與環境，就先試著去改變自己，並且停止無謂的抱怨，因為這對你一點幫助也沒有，我們當然可以表達對現行制度的不滿，但這不是藉口跟理由來無限上綱自己的不作為。

具備獨立思考的能力也是種迷人的特質，是遇到事情不僅有獨到見解，甚至是不凡的遠見，試著讓自己隨時保持一種「現場確認」的能力，有辦法隨時應付所有突如其來的問題，因為人生總是隨時充滿驚喜，當你願意思考而不盲從，你的世界就會因此而開闊，反之就是繼續渺小的井底人生。

假使老是在意別人的看法而裹足不前，某種程度就註定你的人生是平庸的，學會去抽離當下的人事物，才能活出真正差異化的人生，希望我們最後都不要淪為那種空有知識而無思考能力的現代文盲。

別人的期望，是因為他達不到

從小到大我們總是在父母師長的期望中長大，也許因為自己當時年紀還小，不懂得如何去思考人生裡真正要的是什麼，而對我們持有期望態度的大人們，也沒有設身處地站在我們的角度去引導我們走向適合自己的未來，而是以他們那個世代的觀念來看待我們的成長階段。

某年冬天，我獨自參加旅行團去北京旅遊，遊覽車上同行的婆婆媽媽們與我聊天，在簡短的交流後，她們得知我有海外研究所的留學經驗，某位當國小老師的媽媽便跟我提起吳季剛（亞裔服裝設計師 Jason Wu），說她女兒目前也正在唸視覺傳達系，今年大二，但對未來沒有方向，不知道未來該不該再考研究所，或是大學畢業後直接去工作，這個做媽媽的覺得吳季剛很厲害，希望自己女兒以後也可以這麼有成就。

聽她這樣說完，我微笑著跟她解釋，吳季剛跟王建民一樣，都是少數亞裔的成功例子，但說老實話，亞洲父母真的很難培養出這種孩子，好比吳季剛小時候不像其他小男生一樣，會去喜歡機器人或是車子之類的，反而喜歡芭比娃娃，甚至學著為芭比娃娃做衣服，而他的父母卻沒特別反對，反而支持他，也因為有父母的支持，加上他自己的不斷努力，才有機會一躍站上國際時尚圈，進而發展自己的時裝品牌。

我反問她如果自己的兒子小時候喜歡玩芭比娃娃，而且大概五歲時就知道自己將來想走服裝設計這條路，妳能接受擁有這種天分的孩子嗎？還是希望他不要胡思亂想，把書唸好就好了，其它的不要想太多？

在填鴨式教育的心態下，亞洲父母在孩子真正邁入社會以前，只會看重求學階段這幾年的分數、科系、校名，而在這種模式下，實在很難看出自己孩子的天賦在哪，也無法適時地協助子女探索適合自己的舞台。保健食品廣告裡有句台詞說「父母的健康不能等」，但在這裡我想說的是：「孩子的成長不能等」。

每個父母都不希望自己的孩子輸在起跑點上，但教育方式卻讓孩子越來越偏離起跑點，教育孩子其實跟創業很像，看的眼光必須要長遠，如果只是短視近利，力求毫無風險的穩定成長，那就很難培養出差異性的優勢，而未來更不會有爆炸性的成長。

這段談話結束後，那個當國小老師的媽媽再也沒有跟我繼續談論這個話題，或許她認為自己有些慚愧吧！但我卻暗自為她的女兒深深嘆了口氣，固然子女的教育成本非常高，但今天最怕的是，即使有錢有資源也不懂如何用正確的方式教育子女。

自從二〇〇八年金融海嘯以來，由於消費力道疲弱，多數公司的營運方針都在實行所謂的成本降低（Cost down），身為管理階層的執行員工，為了配合公司政策削減預算，同時又得達成目標業績，可是下班回到家後面對子女，在有限的教育預算下，也能達成很好的教育業績嗎？

雖然子女也要主動摸索自己的興趣所在，但身為推手的父母又做了什麼？如果為人父母的心態都封閉陳舊，又怎能奢望子女多有成就呢？除非孩子自己會獨立思考要什麼，而且有勇氣去捍衛自己所想要的人生，不然也只能希望會有奇蹟出現了。

教育在台灣有一種很奇怪的現象，希望每個孩子都像生產線一樣有秩序地走完每一道加工程序，但包裝出貨時卻希望擁有客製化的品質與功能。在力不從心之餘，就喜歡用兒孫自有兒孫福來為自己不完整的教育理念解套，聽了真讓人不經覺得很莫名其妙，甚至比整人節目還荒謬。

生命會為自己找到出口，以前常聽到這意義深遠的話，但後來慢慢也發現這是句不太負責任的說法，如果真的自認沒有能力給予子女好的教育環境，又為什麼要給予過度的期待與壓力，與其這樣，不如適時放手讓孩子去摸索這個世界，只要從旁給予必要的協助即可，或許在探索的過程中，他們能有更多機會去發現一個屬於自己的精彩未來。

平常心有時真的很噁心

有人說選擇造就機會，也有人說機會帶來選擇，但每個人的人生際遇都不盡相同，很多時候機會真的不是坐在原地等待降臨，而是自己創造出來的。

就像今天如果發生了件好事，運氣極佳的你覺得應該善用這股好運買張彩券試試手氣，這就是你創造給自己的機會，雖然不見得會中頭獎，也可能是謝謝惠顧，但這個機會至始至終是經由你創造而存在過的既定事實。

人生裡我們不斷遇到困惑，常有人開導我們面對事情時，要以平常心來因應，但我從生活周遭觀察後發現，「平常心」這句話有著多數人都沒發現的盲點，太過於「順其自然」其實真的不是件好事。

雖然「人力不可抵天」，但在這麼想以前，要先問自己是否已竭盡全力，因為樂觀是建立在無悔之上，而不是過度的隨遇而安。懂得適時把握的人，才可以拿平常心來當作人生的座右銘，否則只會讓聽的人覺得矯情而已。

保持平常心當然是件好事，它會讓你在面對事情的時候，不那麼過份地鑽牛角尖，但服用過量還是會有其副作用的，這會讓你在潛意識裡不由自主地對很多事情不是那麼在乎，最終將是導致你失去所有或是一無所有的主要原因。

因此我敢大膽地說絕大多數把「平常心」掛在嘴邊的人，很少是真的在面對自己的時候可以問心無愧的，因為這多半只是他的一種自我安慰及對外交代的說詞。試想在人生中，當你不知道自己要的是什麼，別人即使有能力又怎麼知道該如何給予你協助，你唯有在執著過一些事情後，才有辦法看見真實的自己，別人也才有辦法看見你。

所謂「順其自然」往往只是種膽怯不作為的託詞，如果沒有真正用心過，又怎能成天把平常心掛在嘴邊，這樣充其量也只是光明正大地告訴別人，其實你沒那麼勇敢，沒那麼有決心。唯有認真付出過的人，才有資格挺起胸膛自信地告訴旁人，自己是以平常心在看待事情的發展，因為每份執著都是一部真理，總在據理力爭後，獨占才得以成為神話。

當你堅定自己的信念時，這份自信不會讓你逢人就想解釋你此刻正在做什麼以求認同，而是會像鴨子划水般的在台面下默默努力直到達成目標為止。有時候我們在做抉擇前，都必須先摧毀這種自以為是的平常心，才能真正大刀闊斧地做出果斷的選擇與判斷，激發出自己的潛能與實力，去做到那些常常只差臨門一腳的事情。

記得下次當有人又在告訴你凡事平常心或順其自然的時候，真的聽聽就好，這是他無法背負你的選擇所能給予的些許鼓勵，你也必須好好思考一下自己是否已經做了最壞的打算以及最好的準備。

不能盡信書，但不能不讀書

自古以來知識的價值都遠比任何事物來得高，在教育普及的今日，知識也已經不是中古世紀的特權占有，而是屬於你我都可以獲得的基本人權之一。

可是在完成學業跳進社會這座大海後，才終於深刻體會到自己的所學所識只能勉強在近海內施展，而到腳搆不到底的深度時，又怕游遠了沒體力回返，沒事只在岸邊踏浪戲水又不符合當初對自己的期待。

每當遇到工作瓶頸時，回想起過往在課堂上睡掉的學習機會，現在就像信用卡的高循環利率一樣，不分日夜地向自己催討，而呆賬催討專員的名片上寫著「書到用時方恨少」，如今也只能怪這是自找，難怪常有人說真正的學習要睜大眼睛自己去討。

投入社會工作後，更會發現自己所能掌握的密集學習時間將會少的可以，取而代之的是一堆繁瑣的同事、客戶、廠商、上司，每天大部分的時間圍繞著你，因此必須要想辦法在有限的時間裡「做中學，學中用，用中錯，錯中改，改再用，用再做」，才有辦法持續提升專業知識與競爭力。

時間的珍貴也在出社會後才開始懂得珍惜，當你意識到所學所識都開始不由自主地與「價值」劃上等號，也理解到自己在這個時代裡，可能必須工作到六十五歲或者以上的年紀才有機會完全退休，就不由得開始替自己擔心，以目前的競爭力是否可以順利撐到那個時候。

清末明初的詩人王國維在他的文學批評著作《人間詞話》當中有兩句詩很有意思：「人生過處唯存悔，知識增時只益疑」。簡單來說首句話的意思就是，人們永遠都嚮往著那個當初所沒有做的選擇，選了A卻後悔當初怎麼沒有選B。而後面這句話，則是我想說的主軸，意思是當我們的知識越來越多的時候，這些知識反而會讓我們產生更多疑惑，我們就越不敢輕易對一件事情下定論，甚至於太快、太簡單的答案晾在面前的時候，我們都會懷疑這不一定是正確的。

雖然上述看起來好像知道太多事情反而不是件好事，但事實並不是這樣，因為能夠不輕易論斷一件事情，才有機會讓我們深入了解事情的根本，而不是永遠只停留在表面功夫的見解。

我們的人生真的很短暫，但不管有多忙都要不斷抽時間再多讀書，因為透過閱讀可以窺探別人的人生究竟發生了什麼事，藉此得到一些捷徑式的借鏡來提升我們在思考上的判斷能力。

我自己選讀的書種範圍很廣，每回看完一些值得推薦的好書，總會在第一時間就推薦給爸爸看，但多半是財經時事或心理勵志方面的書籍，因為這些是爸爸比較會有興趣看的類型。

不過常常過一陣子他把看完的書放回我房間桌上時，通常會看到某頁被折起來並用鉛筆寫上筆誤或是資訊來源不正確的訂正，日後聊起此書的感想時，他也總會不厭其煩地告誡我不要盡信書，否則若無法消化吸收書中的正確內容，日子久了就會有自以為是的主觀狹隘意識。

當然從我自己的閱讀經驗來說，我也清楚明白不是每個作者的觀點都是完美無缺或是百分之百適合自己，即便他是偉人、名人或是當代傳奇，畢竟我們之間有著太多不同的時間軸與立基點差異。

可是正因為這樣，我們才要從閱讀中學習如何判斷哪些知識才是適合我們的，而不是一味的照單全收，也不能被百川千山的知識洪流給淹沒，否則只是不斷接收一些空泛的理論。每每在閱讀後都需要親自去嘗試驗證、在自己的人生中應用書本上的知識，這樣才是有意義的閱讀行為。

然而環境與時空背景都不斷在變動，因此真的沒有一本書是你人生中永遠絕對無敵的葵花寶典，只有對你而言是長期相對有益處的書籍內容才是最重要的，除了別盡信書，也別盡信旁人說只要熟讀某本書人生就可通達，沒有這種事，他會這樣說只是因為他書看得太少而已。

十八歲的寂寞

自大學畢業八年後，有次與三位仍有聯絡的同學們吃 Brunch 時，閒聊談起當年我替全班主辦泰國畢業旅行，至今都還是大夥聊天時的美好回憶，說著說著問大家有沒有興趣橋個時間再來一趟畢業旅行 PART 2，沒想到這個提案讓大夥躍躍欲試，紛紛排出時間讓我去統籌規劃，這次我們選擇的國家是柬埔寨，主要是為了看世界遺產吳哥窟，也順便當做是趟海外同學會。

在旅行途中，我們認識一個也是來自台灣的十八歲女孩，人生第一次出國就獨自來柬埔寨，我不解地問她為什麼不是挑日本、韓國或新加坡之類的先進國家，照理來說這些舒服又時尚的國家應該會是年輕女孩的首選才是，但她卻說：「那些國家太 easy 了不是我的首選，要旅行就要去一些帶有冒險成分的地方。」聽她這樣說完，我跟大學同學們面面相覷地想著，該不會她下次出國就要去伊拉克或科威特之類的吧！

她是個文靜有禮的女孩，在雪白精緻的臉龐下，卻有著家族遺傳史的高血壓、地中海貧血、及擴張型心肌症，然而對於這些不請自來的病症她不是沒有恐懼，勇氣也只是夠用而已，但眼神中卻總是散發出一種耀眼的光芒，比起其他身體健康卻總是對生活哀聲嘆氣，或瞎搞一些莫名其妙的事情就自以為熱血的年輕學子們，她給我感覺她對生命的熱情是遠遠超過他們的。

深入聊過後，才發現原來她是復興美工室內設計科畢業，但高中畢業後沒有直接上大學，反而先去知名建築師事務所做助理，走上一條與同儕們完全反方向的路，不過她並非不打算唸大學，將來也想去美國唸建築研究所，只是想先去業界了解室內建築設計這類工作是否就是自己將來想從事的工作。

聽完她所敘述的個人經歷後，我瞬間從她身上看到了自己過往的影子，相同之處在於我們都曾經與同時期的同儕們做出了一個截然不同的選擇，而差別是她比我更早就踏上這條路。

我也以過來人的姿態分享了自己的經歷給她聽，告訴她當初我大二時決定不跟同學們去準備電機研究所，而是另外再花時間去學服裝設計，從那個時候我就知道自己人生的「時間軸」已經跟其他人不一樣了。

她聽完後問我當初這樣的決定會不會很孤獨，或是覺得寂寞沒有人懂，我告訴她這是必然的，因為我們都選擇了一條別人沒有走過的路，所以會感到寂寞是正常的，因為我也曾走過這一段過程，她聽到我這麼說之後，感覺好像得到救贖似地猛點頭，直說她終於找到一個懂她心內感受的人了。

雖然只有短短幾天的相處，可是我已經確信她的未來將會很不一樣，因為十八歲的她，已經為自己即將到來的精彩人生揭開了序幕，不管她最後是否真的會如願走上建築設計這條路，途中也一定還會遇到許多意料之外的阻礙，但即使如此，我相信獨立自主的她也能正面迎擊所有的問題，繼續朝著自己的人生目標邁進。

而我在這趟旅途中最大的收獲，不是慶幸我們四個大學同學還能在畢業八年後，再次舉辦海外旅行，而是認識了這位整整小自己一輪的女孩，可以在這麼年輕的時候，就開始為自己的未來做出如此掙扎且前瞻的決定，不禁讓我回想起十八歲時的自己，還只是個高興終於可以考汽車駕照的大男孩。

而你還記得十八歲的自己嗎？是不是也有過這麼多彷徨與無力感，想為自己的人生開始做些重大決定，卻又總是在意旁人的眼光，或是怕與普世價值落差太大而躊躇不定。

如果人生是由許多段大小不一的旅途所組成，那麼有些旅途就註定沒有夥伴同行，你必須獨自走完，直到下一個階段的旅途中才會再遇到別的旅人，這段獨行的期間會寂寞是必然的，但要學會與寂寞相處，因為量身訂作的旅途註定會比較寂寞，不過這也代表著你不是依循著過往的足跡而行，是完全屬於自己的全新航線。

十八歲以後，真的要開始搞清楚你所追求的是夢「想」還是夢「享」，這兩者差別很大，一個是真實的理念，另一個則是純粹的享受，這將左右你的目標與行動方向是否明確。趁早去了解這其中的差別，會讓你在未來的日子裡是因為努力而寂寞，而不是因為迷失而落寞。

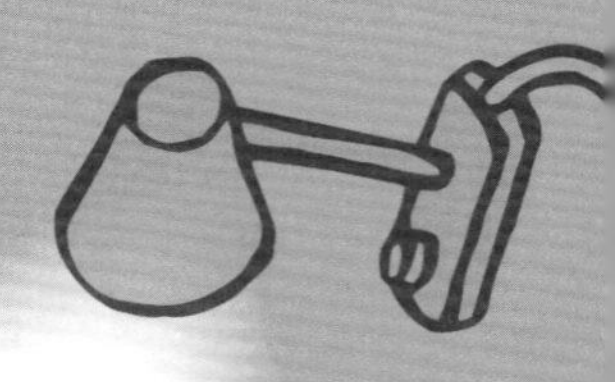

Chapter 5

Challenge

自我挑戰

人生有很多種選擇，
你可以選擇平凡知足地過活，
也可以挑戰不凡人生的可能，
只是選了就不要老是後悔，
不能選了平凡卻又自命不凡，
選了不凡卻發現自己樂於平凡。

極限的開始

二〇〇九年夏天，我在宜蘭烏石港進行衝浪初體驗，以前大學同學邀我去體驗這個極限運動，其實多年前我就想找機會學衝浪了，只是一直提不起勁去實踐這個想法，但這個原本應該是開心的首次經驗，卻差一點就把我推向了死亡邊緣。

這天是個艷陽高照的好天氣，整個海岸線充滿了人潮，比基尼辣妹與海灘帥哥多到讓人目不轉睛，但此刻的我不是躺在沙灘上隔著太陽眼鏡的餘光欣賞這美好的片刻，而是正飄在海上坐板等浪。

經過衝浪教練短暫地指導幾次之後，我自己便開始用身體去摸索這個極須平衡感的運動，因為有太多技巧，我根本一竅不通，所以只能任由海浪呼之來呼之去，短時間內就是無法穩穩地坐在衝浪練習板上，面對一波又一波的海浪，只能勉強趴在衝浪板上維持平衡與划水移動。

說來有點誇張，那天我在海上待的時間約莫加起來有六個小時多，雖然整個人又累又渴的，但說也奇怪的，就是有一股喜悅的感覺不斷湧上心頭，只想讓自己對這個非常有意思的海上運動能盡快上手，但結果這個喜悅的代價卻是高到足以致命。

因為興奮貪玩的結果，讓我不斷忘記適時補充水分，在結束那天瘋狂海上衝浪回到家後，我洗完澡就整個人全身發紅昏睡，老爸回家見狀就知道事情大條了，不由分說地馬上送我到醫院掛急診，我原本以為看個急診應該只是單純的中暑，很快就可以回家了，想不到直接幫我吊上點滴再抽血檢驗，更想不到抽血檢驗報告出來後，急診室值班醫生就直接安排我住院！

我心想這到底是怎麼一回事，連忙問醫生說我到底是怎麼了，他說我的病症是橫紋肌溶解症跟惡性高熱，橫紋肌溶解！對於這個從來沒有聽過的病理名詞，經過醫生解釋後，我才明白由於平時工作忙碌很少運動，突然運動過度造成肌肉壞死，加上長時間烈日下曝晒造成身體大量產熱，體溫迅速升高而組織缺氧，肌細胞又大量破壞，造成電解質紊亂及酸中毒。

正常人的ＣＫ值（creatine kinase，肌氨酸激脢的指數）差不多是二百，而我的ＣＫ值異常標高到一萬八，醫生說如果晚一天就醫的話，很可能會因為急性腎衰竭而步入終身洗腎一途，聽到這我整個人都傻住了。

於是我只好乖乖地住院兩個禮拜，期間全身上下也幾乎都脫了一層皮，這輩子第一次看到自己整張臉都是可以被撕下一層皮的奇醜無比，而且長新皮的過程奇癢無比，局部就算了但全身的面積太大，常常睡覺時因為癢而醒來，感覺就像每晚都有上百隻蚊子等你熟睡後叮咬你，不過也只能默默忍受這些煎熬，最後好在透過醫院的細心照料，CK值總算恢復到了正常值才得以出院。

經過這次代價慘痛的初次衝浪經驗，照道理一般人應該多半會就此打住，並且此生不再接觸這項極限運動了，但我反而更確定這就是我要的，就像發現寶物一樣的心情，在人生往後的日子裡不能沒有衝浪，也因為這場震撼教育的緣故，讓我更清楚知道海洋會是我一生中最好的心靈導師，是每隔一段時間藉由衝浪來反省沈思自我的好場所。

海洋時而強悍卻也時而溫柔，跟它相處的過程中，可以領悟到許多在陸地上所無法體會的道理，就像老爸愛看 Discovery 或是 Animal Planet 頻道，從動物弱肉強食的生態鏈中領悟人生的道理一般，只是我跟老爸不同的地方在於，我把場景從客廳搬到了海邊，而我同樣也從衝浪極限運動中領悟了很多人生道理。

每當飄在海上等浪時，雖然有腳繩與衝浪板保護自己免於落水，但這難免還是會有危險，因為器材也許在你運氣不好時，剛好使用壽命到期而發生損壞，可是這其實就跟人生一樣，往往我們盡了最大的努力卻得不到最好的結果，又或者盡力去閃躲不必要的災害或損失，卻還是無可必免地對上了。

所以我們都需要找到一個跟自己屬性相似又適合自己的方式來成長，可以是靜態也可以是動態，可以是室內也可以是戶外，一切取決於自己渴望成長的極限程度而定。

游泳池 vs 海洋

人生很多時候在面對事情時，除了靠經驗也要相信自己本能的直覺，常常磨練自己野性的感覺就是所謂的直覺，而我就是靠衝浪來磨練自己的直覺，雖然有人說直覺常常會有不盡完善的地方，但我覺得直覺是一種洞察事物的本能，而這份本能其實每個人都有，只是沒有好好發揮出來而已，如果能有效運用這份直覺，相信對於人生很多的決定與取捨都會有很大的助益。

在衝浪時面對一波波海浪的感覺跟實際的人生很像，有些浪很平很緩很安全，有些浪則是遠遠從外海就不斷攀升到你眼前，有些浪也會嚇唬你，看似即將準備吞沒你，但浪型卻在你面前就崩解了，往往只有短短幾秒的時間去思考該如何面對眼前這道浪，越過它或是駕馭它都是頃刻間的判斷，因為在海上的你無法逃避面對任何一道浪。

然而面對每一道浪，就跟面對人生許多遭遇是類似的，不是每一次都有足夠的時間讓我們準備好了再去面對，你必須訓練自己在很短的時間內做出適當的判斷與因應之策，所以對我來說，海上正是一個絕佳的自我訓練場所，這是習慣在陸地上活動的我們所體會不到的。

人們從來沒有去質疑為什麼走在陸地上是如此地輕而易舉，跟呼吸一樣理所當然，但是在海上，我們不是魚，沒有鰭也沒有腮，要學著移動自如，就必須花功夫去轉換這個過程，加上海裡跟游泳池根本是兩碼子的情況，危險程度的差別自然也不用去列表比較了，常聽到知名產業界大老希望年輕人要離開舒適圈，我認為所謂的舒適圈就是指游泳池，因為這是個有範圍有界線有明確水深的環境，在限制的同時也把你保護的好好的，再怎麼樣問題就是在這個泳池裡。

可是海上的情況就不是如此簡單，因為海洋所包含的環境變數非常多，在海面上有詭譎多變的浪潮，而海面下可能會有鯊魚或其它危險生物，也可能會有把人拖出外海的「離岸流」，是比較真實版的生存競技場，說得誇張一點這也有點介於玩命的性質，畢竟衝浪是種極限運動，也不是多數亞洲父母會鼓勵的活動，台灣法規甚至規定颱風天不能衝浪否則將予以罰款。

但任何事情都有其風險，好比搭飛機也是有可能會掉下來，可是我們無法拒絕登機，畢竟帶來便捷的交通方式已今時不同以往了，需要思考的是我們能否去承擔這些風險，而不是一味地思考風險的高或低。我想這或許就是為什麼現今許多成功人士仍會去選擇一些看似危險的活動，如攀岩、登高山、帆船、衝浪等等來作為休閒活動，他們透過這些極限運動的過程來磨練自己的心智，同時也疏解自己在工作上的壓力。

當然運動有很多種選擇，你可以選擇簡單易學的種類，也可以挑戰不易上手的類型；就像人生也有很多種選擇，你可以選擇平凡知足的過活，也可以挑戰不凡人生的可能，只是選了就不要老是後悔，不能選了平凡卻又自命不凡，選了不凡卻發現自己樂於平凡，當然人生的路很長，你隨時都可以去做修正，可是調整個沒完沒了，將永遠找不出人生的定位與方向，到頭來真正惋惜的是所浪費掉的時間。

一個人所處的環境絕對會影響其日後的發展，而你要選擇待在安全的游泳池裡，跟著普羅大眾一起過平凡安逸的生活，還是選擇充滿無限可能卻又驚險萬分的大海，這些當然都由你自己去選擇。

想起初次衝浪時的笨拙划水模樣，到現在已經可以熟練地追逐著浪，每當坐在衝浪板上等浪時，透過雙眼評估著眼前的每一道浪，划水節奏是否能跟上浪的速度，浪的高度與推力是否足夠帶動你與衝浪板，你必須相信衝浪板是身體的一部分，才得以順利完成每一次駕馭海浪的機會。

觀察、判斷、決定、執行這四點都是在海上所培養出來的野性敏銳感，而人生也有很多地方需要這份觀察力來引領我們不斷超越自己，正因為衝浪不是隨時想玩就可以玩的（沒有室內場地可以練習），要看天氣也視潮汐，還要評估自身的體能，也不是隨便下水就能成得了事，也正是因為這樣，才會格外珍惜每一次與海洋的相遇，也期待每次衝浪的體會能帶給自己更多成長的機會。

超越自己

人生其實很奇怪，不去主動接受挑戰竟然就會等著面臨失敗，因為你不去挑戰，還有別人會去挑戰，而挑戰的目的在於累積與別人的差異性與經驗值，如果你什麼都不去做，別人卻是一點一滴地累積看似微不足道的成果，最後你將會發現看似安全穩健的故步自封，其實反而會讓你越走越倒退，最後甚至被別人遠遠被拋在後頭。

電影《衝破極限》，講述著一位真人真事改編的傳奇衝浪高手傑伊・莫瑞里蒂，以一個高中生的姿態挑戰蠻牛浪（Mavericks），裡面有句對話很經典：「Have you feel like to make something more, something bigger than you ?」意思是「你有想過要去做一些超越自己的事情嗎？」

男孩本身已經是個衝浪好手，但衝巨浪卻是另一種層次的挑戰，需要有更強的划水臂力，更為豐沛的基本體能，以及至少能憋氣四分鐘的肺活量，因為一旦駕馭巨浪失敗而落水，就會被強大的水壓不斷帶往海底，這時若沒有長時間憋氣的能力，就無法在水壓削減後順利浮出海面換氣。

此外，如果落水的方向或時機不對，稍有不慎就會像以時速五十哩的速度撞上水泥牆，即使知道這是多麼危險的一件事，他還是願意去挑戰蠻牛浪，最後在恩師細心的教導下，男孩成功挑戰並駕馭了巨浪。

看完這部電影後感觸很深，因為我自己也有從事衝浪運動，所以非常能體會片中敘述的感覺，衝浪是一種挑戰極限的方式，每次下水後，面對浪潮的瞬息萬變，都能讓我重新體會到自己的渺小。

在等浪的同時，想起自己生活中正在面對的問題，感覺在大海面前都只是些微不足道的小事，所以每次衝完浪上岸後都會有種感受，好像大海幫自己重新注入了新的能量去面對當前的問題或是未知的挑戰，更奇妙的是雖然身體是累的，但思緒卻變得更清晰了，這有點類似換位思考，但真的在短短二三個小時裡，壓力跟煩惱都在不知不覺中讓大海給釋放掉了，只留下純粹的勇氣與信心。

其實當我們年紀漸長，往往我們自己想要的東西，都不是父母、學校、公司能給我們的，這必須要靠自己去追尋與挑戰，雖然挑戰不是件容易的事情，卻能在一次次的嘗試後，更接近自己要的理想，或許這樣的累積也會是一種成果。

在萬丈雄心面前，不要吝嗇給自己更多機會去嘗試，特別是在這個需要通才的世界裡，一路上都做相同的事情，與一路上持續累積不同經驗的人，誰的眼界會比較廣？這個答案應該呼之欲出了吧！而視野的廣度更是直接決定機遇多寡的關鍵。

我們都習慣跟外界競爭，卻忘記最大的戰場其實就在自己的內心，為此我深深發現，如果無法先征服自己，真的很難帶領自己去接受外界的挑戰。

在生活中適時地做一些小小的突破，哪怕只有一點點，累積起來也會是很可觀的改變，或許滴水穿石就是這個道理吧，唯有累積每個小小的超越，才能持續保有熱情去面對未來的挑戰，也才能有更多的突破與實踐。

時時為自己創造接受挑戰的機會，從每次的挑戰中會看到自己的不足之處，以及需要改變的地方，這就是「超越自己」的最好開始。

沒有理由不成功，因為會去做的人很少

其實在萌生寫這本書的念頭以前，我在心裡問過自己一個問題，就是在身邊所有認識的人裡面，有沒有人有過寫書經驗？答案是沒有。在我生活圈裡所有熟識的人裡頭，沒有一位有寫書的經驗，這該歸咎於我生活圈太小嗎？但不管怎樣，總之這讓我再次得到跟當初思考要不要去英國唸服裝設計研究所的結論一樣，這又是一條很少人會走的路，那也意味著競爭者並不多，只要自己還有點底子，應該可以放手一搏試看看。

就這麼突發奇想地，我隨手從書櫃上挑出十本自己買來的書籍，以一頁的字數去推算整本書的總頁數，看加起的字數會是多少。很快地，我就從這簡單的研究中得到一個概略的數字「十萬字」。意思就是，基本上市面上賣的書，如果不算插圖或跨頁部分的話，平均起來都有十萬字甚至更多，這個數字讓我在心裡油然升起了一句話：「原來寫十萬字就可以出書了」。

雖然說這樣想是非常天真的，而且我細細回想自己在寫研究所論文時，雖然是寫英文，但也不過是兩萬字而已，因為服裝設計系比較著重在實際作品的設計上，而不是在書面的敘述研究，但兩萬字確實已是我目前為止的人生中，寫過最多字數的一件事情，現在我卻要挑戰十萬字中文，我能完成嗎？I never know.

我起身來回踱步了一會兒，當下我就充滿信心地認為自己可以寫書了，雖然我也考慮過沒有人寫的原因，究竟會不會純粹是因為太困難了，還是自身經歷太少，又或者沒有什麼特殊的人生體會及專長，所以才很少人會寫書。

可是我不會單純地以為沒人去做這件事，就把寫書（打字）這件事看得很容易。事實上，寫書這件事一點也不輕巧，就跟每個人都拿得起畫筆、每個人都會敲鍵盤一樣，但不見得每個人都會是奈良美智（日本當代藝術家）或馬克．祖伯克（ＦＢ創辦人），做同樣一件事，不見得有同樣的結果，絕對有程度上的差別。

不過說到底其實寫書真的不是很難的事情，如果會點文筆其實誰都可以寫，但請別誤會，這跟國中、高中寫作文是完全不一樣的事情，因為要寫一篇好文章很容易，但要寫一百篇好文章就不簡單了。若平均一篇文章一千個字，一百篇的話就有十萬字了，而且還須章節分明又內容層次交疊，其實是有一定難度的挑戰。

我在寫這本書的過程裡，腦海裡也閃過無數次的念頭，最後這本書可能無法寫完或是無法真的出版，當然真的要自費出版的話也是一種方式，但我希望不是用一種自己爽的心態在寫這本書，因為如果用這種心情寫書的話，就不會給自己壓力去寫好這本書，最後可能會是草草寫出一些虛有其表的內容，這與當時的初衷會有很大的出入。

寫書期間，我甚至截取本書內一些有關英國留學的文章內容，拿去參加英國文化協會所主辦的「英國校友專欄徵文活動」。很意外地，竟然也錄取了！最後甚至刊載在二〇一三年歐洲教育展的留學專書《Inspiration UK》上。

雖然此次徵文活動沒有競賽性質，但這個活動的結果卻給我起了莫大的鼓舞，就像是給自己打了一記強心針，更加確信自己寫的這本書，絕對不是那種三流的內容，因為有英國文化協會的認可與肯定，不管是客觀也好不客觀也好，但起碼獲選作者的徵文內容是要正式對外出版的，讓我感覺這是自己正式出書的一個前哨戰，同時我也更有信心繼續未完成的部分。

合理堅持，大膽進行

相信自己，是相信所有人事物的起點，成功不只留給願意把握機會的人，它更願意留給那些願意主動出擊的人們，既然期待擁有繽紛的人生，那就必須親自創造新的路徑，如此才有機會到達那罕為人知的優勝美境。

此外，你也不需要太在意別人的眼光，因為無論結果好壞都是你自己在扛，所以別人沒有資格去評論你的假設，除非他也用相同的條件在跟你做同樣的一件事。

其實回顧歷史上那些所謂的成功人士，他們多半都不是用了多偉大的方法去得到成功，好比愛迪生雖然他天生聰明絕頂，以發明燈泡的例子來說，他笑說自己也只是試了一千種材料才發現，原來竹絲可以用來當作鎢絲的材料讓白織燈泡持久發光而不易燒掉，而前面試驗的九百九十九種錯誤材料只是個過程而已。

由此可見，很多時候必須持續堅持的理由只有一個，那就是一路上能撐下來的人絕對沒有幾個，所以只要你能撐過去的話，成功就幾乎要屬於你的了。

沒有人可以為自己的人生做出完整的計畫，只能盡力去執行當下的每一步，瞧瞧身邊那些成功的人，你會發現他們的行動往往比論述還來得優先，當他們在跟你談一些新的概念和想法時，其實他們往往私底下早已經在進行了。

有時你會覺得這些人看似很天真，事實上他們是真的很天真，可是正因為這份天真所帶來的專注與正面信念，讓他們得以完成別人所不能及的成就。

我也遇過非常積極的朋友，在小酌談天後，隔天就拿數據和資料跟我討論，這真的很驚人，他昨天回家難道沒睡覺嗎？沒喝醉嗎？但他就是行動了。

仔細觀察身邊是否有許多人，連四十歲都還沒過，就開始剩下一張嘴了，他們其實不是沒有「經驗」跟「歷練」，但就是少了「實驗」的精神，總會說出很多非常有見解的理論，可是真的問他什麼時候要執行，總會開始娓娓道來各種理由推拖，最後通常什麼也沒做。

往往失去機會的原因，主要都不在於沒有即時把握機會，而是我們選擇不作為，才讓機會不斷流失掉。很多人會選擇一直等待那個所謂完美機會的到來，才敢付諸行動，可是偏偏等都到年紀都有了，也還是沒有等到。

機會其實一直都在，只是願意緊抓的人不多，因為人們都認為抓住機會跟徒手抓把沙子一樣，總會不斷從手指縫隙間流出來。但是他們沒有想過即使是這樣，如果徒手抓一百次、一千次、一萬次，也還是有機會得到滿滿一大桶的沙子，時間同樣在流逝，可是你的進行式卻能有可觀的累積產生，這才是真正把握機會的不二法門。

NIKE 著名的廣告台詞「Just Do It.」，正是在說這明這種精神，想到就去做吧！不要猶豫太多。如果真的失敗了也沒關係，那也只是因為用錯了方法而已，再試試別的方法，或是稍微改變一下目標就行了，但千萬不要當那種只在人前大膽闡述夢想，而在人後膽小得什麼都不敢做的那種人。

其實還有個導致我們遲遲不敢行動的原因，就在於我們都擔心自己是第一個跨出步伐的那個人，深怕會背上炮灰的醜名而從此倒地不起，可是凡事都有所謂的先行者，只有走過絕望與破壞，才有機會見識到曙光的奇蹟。

雖然有時過於專注自身的想法，也容易導致太過於一意孤行，但你唯有不斷地去嘗試，才會有機會去證明自己的假設或想法是對的。大膽相信自己，並堅持實驗精神，你會發現失敗的次數，只是接近成功的倒數計時而已，希望我們到最後都不會淪為那種空口說白話的人。

以實驗精神放手去做吧

從小每個人都聽過，愛迪生的成功是源自於百分之一的天分加上百分之九十九的努力。但在我們的教育過程裡，卻都不強調如何學習面對失敗，只用分數高低來決定你的未來，而不鼓勵挑戰新事物與冒險新旅程。

雖說失敗為成功之母，但又有幾個人會認真接受你一次又一次的失敗，並鼓勵你再接再厲？最後往往只會看不下去，而幫你下個定義就是別再不知變通和固執下去，並奉送一句：「現實與夢想的距離比你想像的還遙遠」。

許多人礙於周遭人的眼光，特別是在乎父母的感受，而不敢去追求從事自己人生裡真正想做的事情。可是唯有不斷挑戰想法及思維，我們才會進步，這不是一種頂撞，而是希望能進步的一種溝通過程。

人生最大的風險就是什麼都不敢去承擔，短期內或許以為這樣沒有任何損失，但其實無形中你還是流失了許多機會成本，這些機會成本可以說是稍縱即逝，等你發現自己過了最佳時機時，通常都為時已晚，錯過了趨勢的消長，也失去了優勢的再成長。

現在回頭看過去幾年，其實很慶幸自己從二〇〇八年畢業回台灣後，遇到許多充滿挫折、找工作不順遂等等的過程，正因為有這一時的懷才不遇，才會逼得我不得不去思考更多人生的可能性及意義。

也因為不在乎別人的眼光，認為留英研究所回來就應該要做多高尚的工作，讓我沒有太多壓力去做自己，只是感覺相對會更寂寞而已，因為追尋自己想望的事物時，其過程是非常寂寞的。

很少人會不在意別人的眼光，因為在外人的注目中，其實都在在反映出我們對自己內在想法的猶豫與矛盾，只需要一個眼神就會讓我們對自己產生質疑，同時也可能讓我們充滿自信。

如果我今天是在一家前景好、薪資優渥、頭銜又漂亮的公司上班，或許我就不會去想這麼多了，只要安穩過著領薪水的生活直到退休即可，甚至也不會有寫這本書的想法產生。

每個人對退休的定義都不同，但我認為退而不休才是真正好的退休方式，因為成天無所事事或只從事簡單的事情，其實久了人還是會對生活失去熱情，不論你原先有多喜歡做這件事，就好比吃飯一樣，你每天都吃一樣的東西，不換換口味，遲早你會膩的。

或許命運條件各有不同，也或許你會羨慕有人天生命好生在富人家，一切資源都有，只差一個奮鬥的精神，站在巨人的肩膀上看世界好像比較輕鬆，但你也得有本事爬上巨人的肩膀才行，而且別忘了席次有限，限量總是殘酷的。

冒險是世界上最有趣的事情，而綜觀每個世代的變革者，他們的作為，其實說穿了就是兩個字「冒險」，冒險本身並不危險，就如同在海洋裡一樣，不懂得著裝專業裝備與水性練習就貿然下水，結果自然是容易出事。

其實你想改變的事情，冥冥中會給你力量與方向去完成它，除非你根本不去認真思考該如何進行，不然其實都有機會可以完成的。別怕失敗，就去做吧！平靜一天也是過一天，不如讓生命來點刺激，即使後悔也留在真的努力過後再說吧。別貪圖一時的安逸，它像是種毒品，讓你沈溺在短暫的舒服愉悅之中，可是卻會一點一滴侵蝕掉你的熱情與鬥志，導致你最後仍一事無成。

發許可證給自己

還記得在小學時，我們都需要在制服上繡學號，到了國、高中因為還是要穿制服的關係，所以仍需要繡學號，可是到了大學或研究所時甚至博士班後，就終於不再需要繡學號了。取而代之的是一張學生證ＩＤ卡，這張卡本身用途很多，可能是學校與某家銀行或郵局合作的提款卡，功能依各校規畫而有所不同，但可以預知的是，在未來這張卡的附加功能將會越來越多。

我們從小到大除了名字以外，在進入群體生活後，都開始藉由這樣的一張ＩＤ卡來識別我們的存在。直到畢業後步入社會工作，在現今許多公司裡也有其各自專屬的員工ＩＤ卡，用來刷門禁以及辨識員工身分，有些甚至還有記錄出勤時間的功能。

從一個狹隘的角度來看，這張ＩＤ卡就好像代表了每個人的生存權限，規定哪些地方可以進入，哪些地方不能進入，都只能由這張卡的發卡單位來決定，我們只能盲目的遵守而別無選擇。若從廣義的角度來看，難道人生就只能從這些制式的選擇中做決定嗎？看看周遭的朋友，是不是很多人都像這樣子，感覺人生之於自己並沒有特別不友善，可是卻總少了些什麼深刻。

你是否其實心裡有很多瘋狂的點子想去執行，可是看到周遭的人們個個都安靜地服從這個生活制度時，不免懷疑起自己是否屬於異類的一群，雖然疑惑可是又不免常在夜深人靜時這樣問自己，難道人生真的就這只有這樣嗎？知道自己其實還可以再突破些什麼，但就是使不出勁踢出那臨門一腳的果決。

在生活壓力與高度競爭下，我們可能也都不曾發現自己其實已經漫無意識地活在群體之中，雖然群體制度的優點會帶來安定的美好，可是卻也在無形中引領我們走向豢養的牢籠，這樣的規則雖然帶來安逸，卻足以使我們喪失對生命的熱情。

所謂發許可證給自己，不是要你去做些無聊瘋狂的傻事，而是去嘗試那些你一直想做，但始終提不起勁去做的事情，它可能是某種學習或是體驗。

假若你始終抱著一種類似公務員的心態，以「不做不錯，多做多錯」的方式來面對人生，那恐怕在真正老去以前，先蹉跎的將是自己的青春年華，屆時體力與心力大不如前，將會更難說服自己挑戰任何事物。

人生確實有很多事情沒有絕對的答案，但老天仍會主動做最好的時間證人，為你證明選擇，也為你決定答案，如果我們都畏懼於對新世界的憧憬，那麼就會失落於現在，又迷失於未來。

能真正獲得巨大成功的人，都是努力發掘自己要什麼的人，而不是別人告訴他人生應該怎麼樣的人。如果你好不容易終於找到了自己的人生使命後，請擬出計畫，帶上這張許可證，並立即付諸行動。

你我都有主動出擊的權利與機會，只是看你願不願意發張許可證給自己，這張卡可以帶你通往世界，也可以把你一直關在原地，就看你怎麼使用它了。

人生若沒有冒險，那會是最令人後悔的一件事，因為所有精彩的過程，幾乎都是從冒險裡孕育而生的，在競爭日趨激烈的今日，地球都已超過七十億人口，似乎也由不得你自命清高或是甘於平凡，畢竟選擇權已經趨向M型化，你我不是站在高點就是龜縮在低點，這個差距將決定一件事，越是被動學習新事物的人，就會越快變成主動接受失敗的人。

在人生短短數十載裡，任何事物都有所謂的賞味期，這張許可證也是如此，而現在你的人生賞味期限還剩下多少呢？別讓自己輕易在一事無成的歲月中就這樣度過了，請記得在這張卡消磁以前好好利用它創造更精彩的人生吧。

承擔風險是一輩子的功課

在面對未知領域時，很多人都認為嘗試一件新事物很困難，有時或許不是事物本身的困難度，而是嘗試背後可能要承擔的無形代價，這個代價或許會改變你的生活形態或是時間規畫，只要一想到這即將面對的改變就足以讓人裹足不前了。

在漫長的人生中，社會總是會提供給我們許多標準答案，這些答案不盡然都是壞的，卻也不代表一定是好的，你必須自己去判斷及擁抱這些問號，才是不斷教育自己的最佳模式。而與其總是思考某個決定背後的潛在風險，不如想想自己是否可以承擔後果就好了，因為沒有事情是完全零風險的。

磨練自己承擔的能力，會成為專業與知識以外的另一種武器，如果你沒有這種危機意識，不會時時想知道自己的能耐到底有多少，接著就會慢慢失去競爭力與進步的動力，學習坦然接受現在的自己，但不要永遠當個沒有擔當的人，因為「擔當」是由不斷地承擔責任與挑戰而建立起來的。

我覺得自己能夠在大學時，額外利用假日時間去學服裝設計，真的是我這輩子最美好的決定之一，因為學習服裝設計的關係，澈底解放了自己的想像力，讓我在日後面對人生中許多的決策與判斷上，有著比別人更為延伸的思維與想法。

大學可以說是人生最快樂的一段時光，對時間擁有最多的掌控權，生活限制也算是最少的，扣除掉部分學生需要打工來籌措生活費或是學費以外，那些不需要打工的同學，卻很少有人會利用時間來探索及開發自己。

現在的大學生會上課遲到、吃東西或翹課，原因都在於這堂課對他而言沒有很大的熱情與興趣想去主動學習，只是為了順利拿到學分而去的。以我自己為例，當初每個週末一個人去台北學習服裝設計，即使再累，但上課都會打起精神學習，因為這是我額外花錢來學習的，要睡覺我在家睡覺就可以了，不用跑這麼遠到台北。

而且我這麼做的同時，其實壓縮到我本來電機系的學習時間，雖然是週六日才去台北上課，但每次往往都會帶回很多設計的作業要做，這有點類似在修雙學位的感覺。在這段忙碌的過程裡，我沒有一次不擔心自已會不會最後連本來的電機系都無法順利畢業，但好在最後我撐過來了，也順利把大學電機系唸畢業。

這是我為了額外學習而去承擔的風險，沒有人有義務要幫助我、體諒我，因為這是我自己的選擇，就要由自己去承擔風險。

可是現在很多大學生真的是花學費去學校睡覺，我曾想過如果有機會回母校演講，我真的很想問問所有台下的學弟妹們，有幾個人真的會在大學四年八個學期裡，在每個新學期開始給自己訂出學業以外的目標去學習或嘗試，我想絕對沒有幾個人會自信地舉手說「有」。

每個人都會有自己所謂的舒適圈，而不願意跨足本身所不熟悉的領域，可是唯有承擔行動的風險，去挑戰比自己能力更高一層的事情，才有辦法培養出膽識與見識。

人生總是有許多產生經驗的機會，與其老是問別人這一切過程是怎麼發生的，還不如你自己去嘗試看看，因為每個人的體驗都是獨一無二，是別人無法複製的，而這也會是你日後最珍貴的資產之一。

相信我，隨著年紀增長你所做的決定將會越來越簡單，因為時間所替你累積的經驗會讓你很快就能辨別出這個決定的風險有多少。你不必擔心周遭的人怎麼去看待你的想法，因為他們可能不曾嘗試過，所以別一下子就認定不可能，勇敢地承擔每一種可能性。

把勇於承擔當作一種學習，當你忙到沒時間去羨慕別人的時候，就表示你正忙著某件有意義的事情，不試著去努力看看的話，你永遠都無法脫離這種失落感，這樣的可惜也會讓你老是與機會擦肩而過，失去與命運之神的連結。

曾聽過有人說：「在沒有做好準備犧牲某些事情以前，你其實還不算知道自己人生真正要的是什麼。」人生的路很漫長，所以我們需要時常提醒自己，容許自己在一定程度的範圍內做正面的冒險，才是打開心中羅馬的唯一的道路。

為自己而活，也為自己的人生精彩

從小我們在父母的「期盼」下出生，又在父母、師長的「期望」下成長，之後又在父母、師長、社會的「期待」下步出社會。這一路上我們不斷接受越來越多主動關愛的眼神，雖然在初期時，他們絕大部分都是友善的，可是越到後期卻常是令人窒息的多餘關心。

往往兜了一大圈，我們才開始慢慢懂得如何去掌握自己人生的選擇，直到最後才明白活在世上，必須在自己的「期許」下追求人生，而不是活在別人的「期待」裡摸索人生。當然那些愛管閒事的人所給的意見有時也具有參考價值，但除了參考別人給我們的意見，還是要學著做最好的自己，因為只有我們才懂得什麼是真正適合自己的。

我們都太害怕周遭的關愛眼神，殊不知這些人多半只是抱著看戲的心態在關心而已，大多不是真心從你的角度去思考你的問題與處境，或甚至他們根本不曾對某些事情有深刻的認知，卻總是喜歡與你「為師與爾解道袍」。

當懂事以後，與其有時間在意別人怎麼看待我們的人生，倒不如多花點時間想想自己究竟要做什麼、能做什麼、如何去做什麼，當你真心付出這些過程時，其實根本無心理會別人是怎麼想的。

出社會後，你也一定聽過很多周遭的朋友，總在生活中抱怨現在的工作這也不好那也不好，甚至怨嘆自己的機運不如別人，說自己一定要有所改變有所突破，但義正詞嚴的能耐只能維持到下次聚會碰面時，因為你會發現對方還是老樣子，留在原地什麼也沒做。

面對自己、面對改變，任何人都會害怕，但是投注熱情和興趣在自己的人生裡，犧牲點時間和金錢又怎麼會不值得呢？這一切都是為了讓你的人生更加精彩快樂。如果你夠幸運的話，可能已經有認識的人脈或資源，可以幫你順利進行你想做的事情，即使你一點資源都沒有也無所謂，就直接大膽地去尋求專家們的意見吧！

可以寫信或是打電話給這方面的專業人士，即使被拒絕也沒關係！或許他們不一定有時間幫得上你，但也或許會給你一些值得參考的方向，但前提是你真的有很努力去嘗試，因為遺憾是留給那些已經盡全力但沒有得到好結果的人，而不是被拒絕個幾次後就打退堂鼓的人。

如果不想淪為上述那種只會用嘴巴說理想的人，就應該從此刻著手建立自己的精彩RUNDOWN，試著去按表操課看看，即使沒有百分之百執行到位，但起碼已經有個開始並產生了些過程，接著再逐一修正進步即可。

你相信命運嗎？不管信也好不信也好，這世界上就是有百分之五的人生來命好，不用特別花時間建立人脈，或是不需累積實力資源就可以輕鬆達成夢想或是獲得成功。

但其實所謂的命運一說根本是無稽之談，因為人生本來就是一場意外，是沒有規則可言的，真正創造規則的人是你自己，只是願意相信自己可以活得精彩的人很少，所以他們對眼前已成定局的結果投降，不願意付出行動與改變。

機會是留給準備好的人，但精彩人生也是留給懂得把握的人去實踐，你需要時時記得，永遠都要持續建立新的技能，也必須找對方法，然後試著一步步去靠近你的目標，只要你不帶著好高騖遠的心態，這絕對沒有你想像中的困難。

如果你還沒決定好要做什麼，請盡快著手去進行，不讓要精彩的人生浪費在猶疑與怠惰上，因為世上最遙遠的距離就是因浪費時間而錯過精彩卻仍不自知。

活在當下的哲學

常聽人說把每一天當作人生的最後一天來過，這樣就會很努力試著逼自己把握當下的每一刻，這話乍聽之下很激勵人心，但往往卻不切實際，因為做得到的人非常少，這段話只是說給悟性很高與很自律的人聽而已，換作一般人聽完，在交感神經停止亢奮後，只會覺得壓力比之前更大或是更不知所措。

為什麼大部分的人在聽完激勵演講或是讀完勵志書籍後，多半都無法立刻擁有認真「活在當下」的決心，因為這裡頭有著許多現實面的殘酷考驗，甚至是個人因素等著你去突破。繁忙的現代人，活在詭譎多變的人際關係與社會環境競爭壓力下，漸漸地我們都會出於本能地保護自己而去懷疑周遭，於是也間接學會了懷疑自己。

仔細想想，如果你覺得自己的人生不順利，那麼你該試著檢討看看，自己是否就是那個問題的源頭。如果你的選擇總是被外界的聲音所干擾，而你也習慣性地把這些干擾當作是合理的藉口來說服自己，那核心問題就在你身上，而不是事物或外界環境的限制。

至於如何突破這些現實層面的問題，也往往無法從別人的例子裡找到完整的解答，因為每個人的人生都是獨一無二，即使複製也有其差異存在。想活在當下就必須先學會對自己坦誠，你必須先承認自己需要這麼做，接著才會知道怎麼抓住機會去改變些什麼，而不是過了些年歲後，才從回顧的空洞中，發現過往竟是荒蕪得連自己都感到羞恥，深悟發覺自己錯過的每個當下是如此的可惜。

唯有當你同步了價值觀與行為，行動的能量才會充沛，所制定的目標也才會有清晰的執行方向與幹勁，這一連串的連續改變，都是為了將你導向活在當下的軌道上。如果你無法讓自己的行為與價值觀同步，所有堅持的信念很快就會像過往雲煙般消逝。

因此在學習如何活在當下之前，無論如何都必須先好好地重新認識自己一遍，也必須對自己誠實，體認自己的極限與資源機會在哪裡，接著才有辦法知道該怎麼把握活在當下的方向，也不能再只挑雞毛蒜皮的事情來解決，而是要試著大刀闊斧去觸碰過去所不敢觸碰的深層問題，否則只會收到短期的效果而已。

當你選擇刻意不去觸碰某個問題時，就表示那個問題會一直存在著，如果這個問題又正是卡住你人生的一個重要瓶頸，那你就會像買不到車票的旅客，只能在剪票口目送名為「當下」的列車緩緩駛離人生月台。

即便我們都常藉由徵詢別人的意見來了解自己，但最了解自己的人，往往還是我們自己，所以要堅持自己的方向與生活方式，因為人生一直都是量身訂做的，既然這組尺寸只適合我們自己，又何必需要羨慕別人的版型，應該反過來讓別人羨慕我們穿出自信、引領風騷。

理性看待自己的不足與缺憾，可以解讀成折磨也可以是種激勵，絕大部分的人還是有理性的一面，雖然遇到問題或挑戰時，可能一開始總會先出於本能地去逃避或是回避，但最終自己也知道這些問題是需要被解決的。

可是如果總是用挖東牆補西牆的心態來做補救性處理，而不是從一開始就認真以對，最後做的補救可能都是惡性循環的浪費時間而已，當然也就遑論活在當下的意義了。

時間從來不會為任何一個人重複，如果今天面對的是一個自己很重視的選擇或決定，你會想認真來正視這個問題，這種感覺適用在很多地方，無論你想思考未來、換工作、轉換跑道、學習新技能、留學、打工渡假、培養新習慣、或是戀愛追求，都要以活在當下的方式去進行。

時間與行為的分隔只在於是否能真的活在當下，一旦時間與行為接軌了，那就是活在當下的一種證明。其實人生裡所有的時刻都是稍縱即逝，只是我們沒有察覺而已，而「當下」就像是上等的好酒般，每喝一瓶就少一瓶，在有限的人生歲月中，你又錯過了多少呢？

隨時充實自己

今天的你累了嗎？在工作繁忙之餘，每天下班後只想黏在沙發上轉遙控器，或是趴在電腦前看網拍、八卦新聞之類。可是仔細想一想，我們只能這樣打發下班後的寶貴私人時間嗎？應該有更好的選擇才對，比如靜下來看本好書為自己充電一下。

書是一種自學校畢業後，我們就很少會再認真拿起的東西，因為我們大抵都完成了十幾年的基本教育，所以普遍認為該學的應該都學過了。白天因為工作繁忙與心神消耗，讓下班回家的我們，只想在晚餐後什麼也不想地放空休息，完全提不起再學習的動力。

其實拜今天網路資訊發達之賜，隨時隨地學習對現代人來說已不成問題，透過網路要查到任何資料其實都不是件太困難的事。因此，你可以隨性透過實體書籍或是電子書的方式，再次學習任何你有興趣的事物。

以我自己來說，我的閱讀範圍其實很廣泛，有時候我也不是很確定現在看的這本書，究竟對自己現階段的工作或是人生有什麼實質的幫助，但只要我很清楚這本書對未來的某個時刻一定有用處時，我就會去閱讀這本書。因為任何事物一開始的學習與付出，本來就不容易馬上看到顯著的效果，可是透過時間與多元知識的累積，便可以為我們催生出更多創意來源的養分。

根據我主觀的觀察，真的是自己主動花錢買來的書，人們才會比較認真去閱讀，而如果只是借來的，普遍都是隨便翻閱，更別說吸收了些什麼，雖然這樣說有點偏頗，但我想表達的是，你究竟有多想透過閱讀來提升自己，這是一種根本上的心態區別方式。

養成一種好習慣，隨時在身邊帶本書，有空時就利用瑣碎的時間拿出來翻閱，不論是在捷運上、高鐵上、午休片刻，甚至是如廁時，與其滑手機看FB或是Twitter，不如拿本書出來翻閱吧，別再說沒有時間閱讀了，時間真的跟女星、模特兒的乳溝一樣，擠一下就有了，只是看你願不願意去擠而已。

出社會後每當我們聽到投資這個字眼都會眼睛為之一亮，想馬上洗耳恭聽先，但說到充實自己，大家可能就一轟而散了。

其實透過閱讀也有助於開發出新創的事業，因為書中的知識可以激盪你產生更多不同面向的想法，如果真有熱情去探索新的領域，自然而然就會產生新的興趣，也許搭上巧思或找到需求面的切入點，最終也很有可能會成為一個新事業的發展也說不定。

在普遍受薪有限的情況下，我們不該聽信理專的花言巧語，急於一時地盲目投資基金或股票，除了可能淪為大戶血洗的靶子不說，長期來看也普遍都是屬於小額獲利或更慘的套牢，其實我們應該做的是，扣掉生活必要開支，定期定額支付一筆投資基金給自己才對。

這筆基金的應用方式很廣泛，可以買書閱讀、聽專題演講、觀賞音樂電影、參加進修課程、來趟小旅行、與朋友聚會等等。你若再仔細觀察身邊的人，其收入越高的，其實越會利用閱讀與旅行的模式來不斷充實自己。

我很喜歡每隔一段時間就安排一趟旅行，雖然只是跟團的套裝旅行而已，但透過每一次的旅程才能不斷發現自己在世界當中的渺小，正因為不斷提醒自己的渺小，才會懂得以更謙虛的心態來看待自己的不足之處，在每趟旅行裡，雖然某些人是樂在購物的收獲，但更重要的其實還是視野上的提升與心靈上的富足。

職涯的展望，需要靠自我提升來貼近企業不斷成長的實際人力需求，在爭取陞遷的過程中，唯有不斷充實自己，才是幫自己加薪的一帖良藥，也正因為苦口良藥，沒幾個人吞得下口，所以能在上位的就是那幾個，因為他們敢於逼自己不斷成長與學習，唯有不斷充實自己才是保持競爭力與擁有財富的不二法門。

所謂專業，其實也只是別人比你多用了點頭腦，可是這些些微的差異，卻往往不是一日所造成的，更絕對不會憑白無故地降臨在你身上，你得主動付出時間與金錢去投資自己，這些無形的累積才會在未來的某一天裡實質地回饋給你。

唯有透過不斷充實自己，讓專業與知識並進，收入與富足的人生才會循序漸進地跟上你的腳步，別去思考現在資產或收入是多少，應該先去看你做了多少努力，是否有花時間在充實自己，當你真的有本事創造價值時，回頭想起充實自我的過程，你自然會明白這一切的付出都是值得的。

你的選擇決定你是誰

人生最怕兩件事，第一件是猶豫不決、裹足不前，第二件是老往人群裡走，以為跟著走就不會迷失方向，但最後往往是自己迷失在人群中而不自知，最後連方向在哪都不知道。舉例來說，如果在海上開船，在沒有羅盤與衛星定位的情況下，被一千艘船包圍著走，你還會知道方向以及最初的目的地嗎？

在電影《古惑仔四之戰無不勝》裡頭，東興五虎的奔雷虎雷耀揚曾說過：「在香港屯門這裡迷路並不稀奇，不過在人生事業上，千萬不要迷失方向。」雖然他在電影裡是個反派中的反派，但他的話卻一語道出許多人生哲學。

因為工作的關係，我設計過衣服，設計過飾品，於是我想我能不能設計出一本書？我知道乍聽之下這是一個很天真的想法，其實就連身邊聽我提及此事的親友們，幾乎沒有人是認真想繼續聽完我的想法，大多只是問我想寫什麼類型的書，然後為我加油，等我出書後一定會去買來支持我，然後就再也沒有任何進一步的回應了。

其實我不意外他們會有這些回應，同時我也不曾埋怨些什麼，因為在人生各個階段裡，每個人的選擇本來就不盡相同，有人會挑適合且接近自己的選擇，也有人會挑好像合邏輯但又似乎帶著點冒險成分的選擇，我想我是屬於後者。

選擇大方告訴別人自己的理想，並不是一種矯情，反而會帶出一股動力驅使你真的去執行這個理想，寫書這件事就客觀角度來說真的不是件多了不起的事，不管寫完之後是否真能出版，但活在世上，除了工作與求學需要之外，可以認真寫完十萬字的人真的有限，不是嗎？

人生當中，任何選擇都不斷在投射我們的對生命的期望，透過寫書這件事，我想試圖去拼湊出自己些許的靈魂樣貌，而不是別人的。

在文明的時代中出生，我們都活在許多制度的世界裡，在學校有學校制度，在公司有公司制度，出社會有社會制度，這些都是我們必須遵守的，但唯有一種制度是可以選擇的，那就是自己的人生制度。

傳統制度的建立，為的是讓我們有先例可循，制度帶來安逸卻往往失去創造力，因為制度讓我們得以踏出安穩的步伐，在人生路上走得更輕鬆些，但尊重制度不代表制度永遠都不能被調整，如同法律也會不斷透過修法來作與時俱進的革新。

在人生數十年的光陰裡，我們都曾做過不好的決定，也錯過不少好的機會，但這輩子我們必須學會一件事，就是人生中每個階段、每個時期、每個時刻，都有各種選擇在等著你去發掘，不管它是輕鬆的也好，困難的也好，都唯有透過不凡的選擇，我們才有機會達成不凡的理想與夢想。

而第一步，是即早試著去體驗各種選擇的判斷，這樣才能知道選擇的範圍有多廣。第二步，就是要在這些眾多的選擇裡，漸漸懂得挑出對自己人生有意義的部份，這樣才不會在年老時才後悔莫及。第三步，盡力去為這些遴選的決定做最大的努力與付出，才能真實地決定你的人生高度在哪。

記住，這裡說的是你的高度，而不是別人的，正所謂：「李杜詩篇萬口傳，至今已覺不新鮮，江山代有人才出，各領風騷數百年。」這句人生的至理名言已道盡一切。

因此，你真的不必拿自己去跟別人做比較，只要認真思考自己的選擇就好，也許在做些特殊選擇時，會感到孤獨、猶豫、不安、惶恐、掙扎、挫折甚至是失敗，可是如果連唐吉珂德的勇氣都是種取笑的先例，那我們究竟還可以用什麼方式去決定自己是誰呢？

在平凡的人生裡做些冒險的選擇，是代表著你有所擇，也有所選，而不是一味做個老是聽話的乖乖牌。從今以後，不要再管什麼三十而立，還是四十而不惑這種蠢問題了，不論現在的你幾歲，知道怎麼選擇做自己，就是頂天立地的開始，同時你也將開始漸漸明白自己是誰了。

30 / 60

我一直以來都很喜歡跟我爸聊天，我們常聊聊彼此對國際時事的看法，舉凡社會、政治、財經、地方、或是公共議題，互相分享一些有意思的時下話題。

可是在聊天過程中當我試著要捍衛自己的論述或價值觀時，卻往往意外地被潑了冷水，爸爸總認為我的社會歷練不夠，想法太過天真或是不夠客觀，只是單方面採信書報媒體等資訊罷了，沒有經過通盤嚴密的分析與邏輯推演，聽著聽著我便開始天人交戰，想著自己是否需要跟他繼續鬥嘴下去，或是點頭附和他就好了。

相信我們都有以上類似的共同經驗才是，當我們在論述自己的新想法時，長輩們常說我們年輕人社會歷練太少，很多事情總是用片面的角度自以為是。可是這樣的說法不是很矛盾嗎？打個比方來說，是不是你英文不好就沒資格開口，非要把文法那些鬼屁東西都一字不差地弄懂才夠資格開始與別人用英文交談，不是應該要不怕羞恥地主動開口才對吧！即使說錯鬧了笑話也沒關係，因為這樣才有機會知道該如何加強自己不足的地方，如果得等到自認英文夠好時才去開口，那可能永願都不用學好英文了。

正因為我們都還年輕，所以才會急於建立自己的價值觀，也願意赤裸地分享自己的想法，不論這是否成熟或荒謬，應該是種好現象才對啊！為什麼這時候長輩卻會壓抑我們，並曲解這是種無知的自以為是。

特別在長輩無言以對時，就說我們愛鑽牛角尖挑語病，或是說我們凡事太過理想化，可是我們本來就年輕，歷練當然也無法立刻追上長輩，但這樣的我們，難道不能建立新的價值觀或是打破舊有頑固的觀念嗎？

如果都是長輩們說得對，那為什麼現在社會上會有一堆問題，如果都是他們說了算，那創新和突破的口號就不應該加築在年輕人的肩上。

試想，如果長輩都不願意給年輕人一點空間去衝撞與犯錯，我們又如何能夠青出於藍而更勝於藍？還是要我們一塊死守著過時的空洞，一起荒蕪一起不思長進，若不從現在就開始讓我們去摸索，又需要等到何時呢？

沒錯，我的社會歷練當然不夠，因為我也才三十歲而已，而爸已經年屆六十了，我少了他三十年的經驗累積與歷練見識，可是如果因為這樣，我就跟自己說，不要有太多懷疑，所有事物都聽父母的就沒錯了，我深深覺得這樣自己會錯過很多其它學習的機會。

況且從這三十年間的差距中，世界的面貌改變了不少，遊戲規則也不知道洗牌了多少次，而準備正面迎接未知挑戰的是我們年輕人，所以我們才要勇於提出自己的想法，去據理力爭在這個世界上屬於自己的一片天。

雖然跟爸爸每次聊一聊總會演變成拍桌子的辯論，甚至快到撕破臉的對質，但這些都不是我的原意，只是我深深覺得有必要定期跟爸爸做這種吵架式的溝通，希望偶爾能藉由這種溝通過程，拉近兩代之間對於現代社會轉變與人生價值觀等等的代溝，試著讓父母也跟著我們一起成長。

我認同先求「有」再求「好」這種論述，因為願意開始就已經是個好的開始，可是如果三十年後，我們還是繼續原地踏步的話，就會是很嚴重的問題。雖然我們的改變在這個龐大的社會體系裡，有時客觀來說根本不構成任何影響，可是如果絕大多數的人都是如此的時候，那就會是個災難的開始。

比如台灣就繼續做些有人買單的灑狗血肥皂連續劇，短期來看是需求造就了供給，但長遠來看卻是葬送整體國家的藝術水準，可是還是很多人愛得要死且準時收看，這跟我們口口聲聲說要走出國際或是全球化來說，只是種可笑的原地踏步。

也難怪金馬獎五十週年，李安導演會感嘆台灣電影格局還是太小、欠缺主題經營、結構不夠紮實、對話也不太營養、感染力「有點懶」、缺乏國際競爭力，或許這些真的是他無能為力的肺腑之言吧。

人生意義為何

我們都曾在學生時期就開始興起無數次念頭，問自己究竟什麼才是人生的意義？但是在知識、見識、經濟能力尚且不足的情況下，這個問題對我們而言，好像始終只是個沒有結論的臨時議動，總是旋即就被其它人生的階段性議題給淹沒了。

可是每當我們正要步入人生的另一個新階段時，又會不由自主的把「人生意義」這個臨時議動提出來探討一番，就像是神主牌一樣地崇拜這個問題，雖然我們都清楚可能不會有結論，卻又隱約覺得討論一下應該還是有其參考價值，至於價值是什麼，就留待下一個階段的人生去驗證了。

我經常在旅途中思考人生，不知道為什麼，在旅行途中透過窗外飛逝的異國景色，總是能激起內心所有的悸動，也很喜歡跟這些導遊地陪談天說地，因為他們的歷練與經歷是自由行所得不到的濃縮精華版。

就像有次去新加坡與馬來西亞旅行時，當地導遊是個很樂觀的大齡剩女，雖然外表黝黑又圓滾滾的，可是整個人卻充滿著自信與樂觀，講話也處處是人生哲理，而令我印象深刻的是，她在跟我閒聊人生就像旅途時，說了一句讓我非常有感觸的話：「珍惜才能擁有，擁有才能天長地久」。

聽完這句話，腦海中又不經意地再次閃過一個念頭，問自己的人生究竟在追尋什麼？每個人都在問人生究竟是在追求什麼，其實你在追求什麼，或許有時連你自己也不知道，這份感觸在出社會以後更是深刻。

誰也不想在隨波逐流中虛度自己的人生，為此也讓我們不斷對未來產生不確定感，總是不分晝夜地想抓住些什麼，透過汲汲營營來填滿這種匱乏感，即使努力賺錢、熱愛生命、盡情生活，卻時常在夜深人靜時無法真正地安然入睡。

曾聽過有人用加法或減法來形容人生，但我覺得人生一定是減法，因為從出生後到死亡，唯一真正在倒數的就是時間，我們最後什麼也帶不走，只會留下被追憶的記錄，其它都只是所謂的附加過程。就像火箭發射升空後，隨著高度不斷升高，也不斷卸下不必要的發射燃料裝備，只留下機體的部分。

在人生當中，我們經常是預先期待會得到什麼，接著才去付出努力，得到後又再次反省這一切是否值得，進而依賴這種經驗值再接著做下一個選擇來繼續完整我們的人生，可是這個世界上有很多事情是沒有公式、沒有ＳＯＰ，也沒辦法只看著細節行事的。

未來從來都是一眨眼的事情，轉眼就能成瞬間，唯有理解這一切本來就不可測，也無從真正預測，即使真有可預測的部分也是短暫的，以不計入實際產值來計算，人類的年齡不過一世紀，縱然我們可以藉由歷史的回顧與教訓來得到經驗法則，可是有一天我們也會成為歷史的一部份，而且比你我所想像的還要快。

既然每個人都曾對我們說過「計畫永遠趕不上變化」，那麼只要試著讓自己跟上計畫就好，即使步伐有點凌亂也沒關係，就算不能抵達目的地，但至少能有幸看到終點究竟在哪。

或許目的地才是最美的，可是沒有沿途的風景襯托，也無法顯現出目的地的美好，能學著欣賞路途上的一切，才是人生旅途中最重要的事！

在真實的世界裡，每個人都在拼湊著自己的人生藍圖，如果能珍惜每一天、每一件事、每一位相處的人，做盡量不後悔的選擇，那就是所謂「人生的意義」了吧。

即使一時不得志，也要珍惜現在所擁有的一切，並為了此刻而努力，我認為本來就沒有所謂「人生的意義」這個議題存在，因為我們一生都在追尋這個答案，或許應該說人生的所有過程就等於是一種意義了。

後記

這是我在三十歲以前利用自傳的方式來紀錄自己，以及用分享人生觀與態度的方向來出版此書，如果你正對茫然人生感到猶豫，或許透過閱讀我的故事能啟發你對人生有不同的想法與方向。

其實坊間類似的書籍不在少數，總教人如何把人生過得更好，但那些書可能都是稍具知名的人士所寫，而這本書出版的意義是想以比較貼近一般大眾的人生而撰寫的，因為我也跟大家一樣，自詡為一個平凡人。

書中所有關於我的故事裡，如果有看來很幸運或令人羨慕的部分，我想那是因為我自己願意去把握、去冒險、去爭取，甚至願意去對抗傳統體制的結果，而不是我資源比別人多的關係。

很多時候即使手邊擁有許多資源的人，也無法真正如願完成自己真心期盼的夢想，因為人性是懶惰的，總是有很多合理的藉口來為自己辯解沒時間或是做不到，但卻從來沒有真正花些時間去嘗試或去努力，永遠只在三五好友聚會時，拿出來談天說地然後隔天忘記，難怪人生到頭來只能活在懊悔與怨天尤人的肥皂劇腳本中。

其實仔細檢閱每天運用時間的狀況，還是可以發現，我們運用時間的方式是多麼地沒效率，倒不是說每天一定都得要活得兢兢業業，行程排得滿檔搞得自己既緊繃又神經質，而是在大方向的計畫擬定出來後，就必須按部就班一點一滴地去完成夢想的每個環節，可是很多人卻連了解夢想的可行性都很少做足功課，就先遙想著一步登天的美好。

夢想之所以是夢想，就在於它絕對有一定程度的門檻與難度，你得從中得知如何有效安排與利用時間來完成它，因為人生永遠不存在所謂完美的時刻，只能利用瑣碎的時間來一步步接近夢想，就像存錢一樣其實是按部就班的。

隨著年紀的增長，需要承擔的責任與事情越來越多，如果早婚或許將不再只是經營自己，同時也要經營婚姻，又如果早婚也有了孩子，則得再多加一項經營孩子的未來與成長，所以能支持你堅持理想的熱情與時間將會越來越少，但這或許也是種考驗，考驗你自己到底有多麼想要完成這件事。

你可曾很認真地問自己：這個夢想不實現會死嗎？如果會，那麼你現在如果在床上看這本書，你會馬上跳下床，開始把概略的計畫寫出來。我就經常會做這種事，因為我等不了明天起床再進行這件事，在太陽出來以前，我能為這個夢想做多少努力我就會去做，至少還有月亮陪著我不是嗎？那你還在等什麼呢？就從這一刻就開始行動！

挑戰人生，夢想不設限

作　　者　史丹利

發 行 人　林敬彬
主　　編　楊安瑜
責任編輯　黃谷光
內頁編排　張芝瑜（帛格有限公司）
封面設計　王雋夫

出　　版　大都會文化事業有限公司
發　　行　大都會文化事業有限公司
11051台北市信義區基隆路一段432號4樓之9
讀者服務專線：(02)27235216
讀者服務傳真：(02)27235220
電子郵件信箱：metro@ms21.hinet.net
網　　　址：www.metrobook.com.tw

郵政劃撥　14050529 大都會文化事業有限公司
出版日期　2015年02月初版一刷
定　　價　250元
ISBN　978-986-5719-40-1
書　　號　Sucess-076

First published in Taiwan in 2015 by Metropolitan Culture Enterprise Co., Ltd.

4F-9, Double Hero Bldg., 432, Keelung Rd., Sec. 1, Taipei 11051, Taiwan
Tel:+886-2-2723-5216　Fax:+886-2-2723-5220
Web-site: www.metrobook.com.tw
E-mail: metro@ms21.hinet.net
◎本書如有缺頁、破損、裝訂錯誤，請寄回本公司更換。

國家圖書館出版品預行編目（CIP）資料

挑戰人生，夢想不設限 / 史丹利著. -- 初版.
-- 臺北市：大都會文化, 2015.02
272 面；21×14.8 公分.

ISBN 978-986-5719-40-1（平裝）

1.成功法　2.自我實現

177.2　　104000345